Freude in Zeiten der Bedrängnis

12 Prinzipien, Jesus effektiv zu bezeugen –
das Abenteuer einer Familie in Pioniermission

Daniel Waheli

VTR

frontiers
überwindet
grenzen

ISBN 978-3-95776-026-5
Copyright © 2014 Daniel Waheli

Die englische Originalausgabe erschien unter dem TItel „Joy Under Pressure"
Copyright © 2013 Daniel Waheli

Published by Frontiers, Box 263, 9404 Rorschacherberg, Switzerland
and Verlag für Theologie und Religionswissenschaft (VTR), Gogolstr. 33, 90475
Nürnberg, Germany, http://www.vtr-online.com

Die Bibelzitate wurden, wenn nicht anders vermerkt, der Neues Leben Bibel
entnommen: Neues Leben. Die Bibel © 2002 und 2006 SCM R.Brockhaus im
SCM-Verlag GmbH & Co. KG, Witten

Aus dem Englischen übersetzt von Bruni Klose
Satz: Susanna Hansen
Umschlaggestaltung: Anna S. Lucy
Mit Bildern von © pixelio.de – Klaus-Dieter Rüge [Moschee, Ost-Asien], © Sara
Waheli [alter Mann, Süd-Asien], © sxc.hu – John Bevan [Thai-Mann, Süd-Ost-
Asien], Denz Zani [Tempel, Süd-Ost-Asien], © Neima Wayne [Mädchen, West-
Afrika], © imagebase.net – David Niblack [lachendes Mädchen, Mittel-Afrika;
lachender Junge, West-Afrika; Moschee, Arabien], © flickr.com – Brian Jeffery
Beggerly [chinesischer Mann, Mittel-Asien], © Frontiers Schweiz [eritreische
Frau, Ost-Afrika; alte Frau, West-Asien; alter Mann, Nord-Afrika]

Printed in Germany

Inhaltsverzeichnis

Anhang 209

Vorwort

Das Evangelium erfordert Leiden. Wir können weder dem größten Gebot noch dem Missionsbefehl völlig gehorchen, ohne Opfer zu bringen. Wenn Jesus in jedem Stamm, jeder Sprache und jeder Nation über alle Maßen erhoben werden soll, dann müssen seine Repräsentanten bereit sein, sich über alle Maßen erniedrigen zu lassen. Nur die Niedrigen können sich erheben und Jesus die Ehre geben, ohne im Weg zu stehen oder versucht zu sein, sich die Ehre mit Gott zu teilen. Leiden ist allerdings eine Gabe und nicht eine Strafe. Leiden ist das wunderbare Geschenk des Himmels, welches Gottes Kinder so oft nicht auspacken wollen und indem sie es ablehnen, verpassen sie unermessliche Freude.

Daniel und seine Familie erinnern uns in ihrer einfachen und kostbaren Lebensweise daran, was Gott mit Leiden im Sinn hat – Seine Ehre und unsere Freude. Daniel führt ein kraftvolles und aufregendes Leben. Zeit mit ihm und seiner Familie zu verbringen, bedeutet Lachen, Spielen, Begeisterung und Freude über die einfachen, schönen Dinge, die uns umgeben. Diejenigen, die in richtiger Weise leiden, zeigen es nicht durch Schmucklosigkeit und Schwermütigkeit – diejenigen, die das Vorrecht erhalten haben, Jesus in Drucksituationen zu repräsentieren, zeigen dies freudig, ausgewogen, gnädig, mit Humor, durch Einbeziehung aller und in freier Weise.

Neben der Freude im Leiden, bestätigt dieses Buch auch die zentrale Bedeutung des Charakters im Dienst und im Gemeindebau* unter unerreichten Völkern*. Während Daniel auch ein Missiologe ist, gründet sich sein Erfolg auf seine Identität in Jesus, und nicht auf eine Methodik oder Strategie. Daniel ist überzeugt, dass in Jesus zu bleiben, die tiefliegende Grundlage jeglichen Dienstes für Gott ist. Dieses Buch präsentiert einen Ansatz für Gemeindebau*, der auf den Charakter aufbaut. Vertrautheit mit Jesus und untadelige Beziehungen zu Seinem Leib, müssen unser Ausgangspunkt in der Mission sein. Methoden und Strategien entwickeln sich und passen sich an die Umgebung an, aber die Gemeinschaft mit Christus und die Einheit mit der globalen Gemeinde sind unverzichtbar. In einer Zeit der Ungeduld erinnert uns Daniel in behutsamer Weise daran, auf Kurs zu bleiben und einfach mit Jesus zu leben, indem wir Seinem Geist erlauben, uns praktisch und beständig zu leiten. Daniels ZWÖLF PRINZIPIEN FÜR GEMEINDEGRÜNDUNG* (Lobpreis, Reinigung, Gebet, Verkündigung, Leidenschaft und Bestimmung, Kraft, Beharrlichkeit/Ausdauer, Verfolgung, Gläubige vor Ort, Präsenz in Gemeinschaften, Partnerschaft, Fallgruben) sind im Charakter Gottes begründet und in unserer Beziehung zu Ihm.

Das Lesen dieses Buches wird Sie in ein heiliges Begehren nach Leiden und inniger Gemeinschaft mit Jesus führen. Wenn Sie Daniel und seine Familie in ihren Herausforderungen begleiten, wird Gott in Ihnen ein Verlangen danach wecken, die Vertrautheit zu erleben, welche diese Familie mit Ihm und untereinander genießen. Daniels Familie ist eine ganz normale Familie mit ihren Hochs und Tiefs. Aber in allen Situationen haben sie sich entschieden, immer wieder auf Jesus zu sehen und Ihm zu vertrauen. Einige innige Erfahrungen erwerben wir nur durch Schwierigkeiten, aber die ewige Freude, die aus Leiden entsteht, ist unvergleichlich. Letztendlich ist Leiden eine Freude, ein Vorrecht und eine sichere Tatsache für alle, die Jesus in radikaler Weise nachfolgen und sich danach sehnen, Ihm gleich zu sein.

Dick Brogden
Kairo, September 2013

Ein Dankesschreiben

▶ Zuallererst möchte ich unseren Gott und Heiland Jesus Christus preisen.

So habe ich Grund, mich über alles zu freuen, was Christus Jesus durch mich in meinem Dienst für Gott getan hat. Ich würde es nicht wagen, auf etwas anderes stolz zu sein als auf Christus, der die anderen Völker durch mein Reden und Tun zu Gott geführt hat.
Römer 15,17-18

▶ Meine größte Wertschätzung gilt meiner lieben Frau, die mich alle diese vergangenen Jahre treu begleitet hat.

▶ Wir, Daniel und Sara, wollen unsere tiefste Dankbarkeit unseren zwei Kindern gegenüber zum Ausdruck bringen, die uns ihr ganzes Leben treu und mit großer Freude in Einheit begleitet haben. Wir haben euch immer als großen Segen empfunden und als wertvollen Teil des Dienstes, den wir als Familie gemeinsam getan haben. Wir sind so stolz auf euch und lieben euch so sehr.

▶ Wir als Familie sind so dankbar für beide unsere Elternteile, die während all dieser Jahre eine große Unterstützung für uns waren, durch Gebet und Ermutigung und indem sie uns jeweils in ihrem Zuhause stets herzlich aufgenommen haben.

▶ Den hunderten Menschen, die für uns gefastet und gebetet haben, sind wir so dankbar für eure liebevolle Mühe, die Gnade um Gnade über unser Leben ausgeschüttet hat. Unseren Krisenmanagement-Teams sowohl auf dem Feld als auch nicht auf dem Feld danke ich für die unzähligen Stunden, die ihr auf Knien, am Telefon und an euren Computern verbracht habt, um uns in praktischer Weise zu unterstützen. Unseren Kollegen in unserem Gastgeberland danken wir für die beständigen Gebete und die tatkräftige Liebe. Unserem Team danken wir dafür, dass es bis zum Schluss zu uns gehalten hat. Unseren Leitern danken wir für ihren Einsatz als Coaches und Mentoren, wodurch ihr uns angefeuert und ermutigt habt, in den Stürmen des Lebens treu standzuhalten.

Ein Brief an den Leser

Lieber Freund,

In diesem Buch verwende ich nicht unsere richtigen Namen und nenne nicht die Länder, wo alle diese Geschichten stattgefunden haben. Ich möchte nicht die Gläubigen vor Ort oder die Arbeit des Reiches Gottes, die jetzt gerade geschieht, in irgendeiner Weise in Gefahr bringen. Ich danke Ihnen im Voraus für Ihr Verständnis und wünsche Ihnen Gottes Segen beim Lesen dieses Buches und unserer Erfahrungen. Worte mit einem Stern(*) werden im Anhang 2 genauer erklärt. Anhang 3 ist eine Zusammenfassung dessen, was meiner Meinung nach die beste der Methoden ist, die als „Jüngerschafts-Bewegungen" oder „Gemeindebau-Bewegung oder Jesus-Bewegung" bekannt sind.

Mein Hauptanliegen, dieses Buch zu schreiben, war es, Sie zu ermutigen, Ihren Lauf mit Gott zu beginnen und durchzuhalten. Ich weiß aus Erfahrung, dass dies das spannendste und sinnvollste Leben ist, das ein Mensch je wählen könnte. Ich habe erlebt, dass die vielen Herausforderungen auf dem Weg unbeschreiblichen Frieden, Freude und Hoffnung hervorbringen, um uns vollkommen und heilig zu machen, damit wir keinerlei Mangel haben. Wenn Sie meinen, dass Ihnen irgendetwas fehlt, zeigt Gott, wie wir es in Seinem Wort finden können:

> *Liebe Brüder, wenn in schwierigen Situationen euer Glaube geprüft wird, dann freut euch darüber. Denn wenn ihr euch darin bewährt, wächst eure Geduld. Und durch die Geduld werdet ihr bis zum Ende durchhalten, denn dann wird euer Glaube zur vollen Reife gelangen und vollkommen sein und nichts wird euch fehlen.*
> Jakobus 1,2-4

Wenn Sie mehr über Ihren Lauf mit Jesus reden möchten, können Sie mit dem Autor dieses Buches unter *joyunderpressure2013@gmail.com* in Kontakt treten.

Damit alle Ihn verherrlichen,
Daniel mit Sara, Ezechiel und Lea

Teil 1

Kapitel 1

Berufung

Ich bin in Europa aufgewachsen und meine Familie besuchte eine örtliche, evangelikale Gemeinde. Von Mission in Afrika hörte ich das erste Mal, als ein Missionarsehepaar in meiner Jugendgruppe von seinen Erfahrungen berichtete. Es bewegte mich, als ich Bilder afrikanischer Kinder sah und ich spürte zum ersten Mal, dass der Heilige Geist mich in die Mission zog. Ich war 14 Jahre alt, als das passierte, und obwohl ich mit Jesus lebte, war meine Hingabe an Ihn nicht so groß.

Mein Leben nahm seinen Lauf und ich begann die Lehre als kaufmännischer Angestellter. Als ich die Lehre beendete, blieben meinem Freund und mir drei Monate, bevor wir unseren obligatorischen Militärdienst antreten mussten. Ursprünglich wollten wir einfach Spaß haben und um die Welt reisen. Schließlich entschieden wir uns jedoch dazu, auch einen Missionseinsatz in Afrika zu machen. Wir verbrachten den Großteil unserer Zeit in einem Missionskrankenhaus, wo wir administrative und praktische Aufgaben erledigten. Während ich diese Arbeit schätzte und den Wert für die Ewigkeit sah, war mir klar, dass es nicht das war, was ich mit meinem Leben anfangen wollte. Ich erkannte, dass ich mich direkt an Gemeindebau* unter unerreichten Völkern beteiligen wollte. Ich fuhr nach Hause, mit einer tiefen Liebe zu Afrika und dem Wunsch, zurückzukehren und die Gute Nachricht den Menschen zu bezeugen, die nie eine Gelegenheit hatten, das Evangelium zu hören.

Als ich nach Europa zurückkehrte, hatte ich einige tolle Gelegenheiten, um eine berufliche Karriere in meinem Heimatland zu verfolgen. Ich sagte Gott, wenn Er wolle, dass ich mein Leben für interkulturelle Mission unter unerreichten Völkern einsetze, dann müsse Er mich ganz klar führen. Ich begann, eine leise aber beständige Unzufriedenheit zu verspüren über das Wissen, dass es auf dieser Erde Menschen gab, die das Evangelium noch nie gehört hatten. Ich las Biographien und Bücher über Missionare*, die zu unerreichten Volksgruppen* gegangen waren. Je mehr ich über kulturüber-

greifende Arbeiten hörte, desto mehr wuchs die Begeisterung in meinem
Herzen. Trotz alldem war ich noch immer nicht sicher, ob dies der Weg war,
mein Leben nach dem Willen Gottes einzusetzen.

1990 beschloss ich, eine Woche dafür aufzuwenden, den Willen Gottes für mein Leben zu erkennen, indem ich an einer Missionskonferenz teil-
nahm. Es waren über 150 Missionsgesellschaften vertreten, die alle Mitarbeiter benötigten, aber ich spürte keinen Ruf vom Herrn, mich einer davon
anzuschließen. Ich musste es vom Herrn direkt erfahren, deshalb nahm ich
mir einen Tag von der Konferenz frei, um zu beten und zu fasten. Aber ich
hörte von Gott nichts über Mission. Ich dachte, ich würde Seinen Willen
kennen und plante, zurückzukehren und meine berufliche Laufbahn wei-
terzuverfolgen. Am letzten Abend der Konferenz sagte der Redner, Gott
habe ihm mitgeteilt, dass es hier im Raum Menschen gäbe, die Er für Mission in Übersee berufen wolle und dass Er ihre Berufung an diesem Abend
klar zeigen würde. Als ich diese Worte hörte, schien es mir, als würde Gott
selbst zu mir sprechen. Ich wollte aufstehen und rufen: „Ja, hier bin ich. Ich
bin bereit zu gehen!" Ich war so berührt von seinen einleitenden Worten,
dass ich alles andere, was er an diesem Abend sagte, nicht hörte. Ich antwortete Gott, indem ich mich für kulturübergreifende Mission verpflichte-
te. Mein Herz strömte vor Freude über und ich pries Gott dafür, dass Er zu
mir gesprochen hatte. Ich fuhr nach Hause, kündigte meinen Job und begann, mich darauf vorzubereiten, langfristig nach Afrika zurückzukehren.

Ich schrieb mich an der JMEM (Jugend mit einer Mission)* Jünger-
schaftsschule in Togo (Westafrika) ein. Das ist eine Schule, an der junge
Leute während drei Monaten eine theoretische Ausbildung im Hörsaal
bekommen und danach drei Monate in einem anderen Land auf einem
evangelistischen Einsatz verbringen. Als Vorbereitung auf meine Reise verbrachte ich drei Monate in Nordfrankreich, um mein Französisch zu verbessern. Während diesem Aufenthalt lernte ich auch, für die unerreichten
Volksgruppen* Afrikas zu beten und zu fasten. Eines Morgens fühlte ich
mich gedrängt, den Herrn zu fragen, wo in Afrika ich den evangelistischen
Teil meiner Ausbildung absolvieren solle. Später an diesem Tag sprach eine
Frau, die in Mali (Westafrika) arbeitete, zu unserer Gruppe. Während sie
sprach, sagte ich zum Herrn in meinem Herzen: „Wenn Du möchtest, dass
ich einen Teil meiner Zeit in Mali verbringe, dann schick sie bitte nach
ihrem Vortrag zu mir und veranlasse sie, mich nach Mali einzuladen, um

dort zu arbeiten." Nachdem sie ihre Rede beendet hatte, kam sie direkt zu mir herüber und fragte mich, ob ich nach Mali gehen wolle, um dort zu arbeiten. Überrascht sagte ich: „Ja, das würde ich gerne." Später an diesem Abend dachte das ältere Missionarsehepaar, bei dem ich wohnte, dass ich mich für einen Gebetsbrief interessieren könnte, den es von einem Missionarsehepaar in Mali erhielt. Es kam mir vor, als würde Gott das, was an diesem Morgen geschehen war, mit diesem Brief bestätigen, als ich die Worte las: „Der Herr hat heute sehr klar zu dir gesprochen. Geh nach Mali..." In diesem Moment sagte ich dem Herrn, ich sei bereit und willens, dorthin zu gehen.

Nachdem ich meinen Sprachkurs in Frankreich beendet hatte, fuhr ich nach Togo, um meine JMEM*-Ausbildung zu beginnen. Ich freute mich sehr auf die ersten drei Monate, in denen wir während der Woche theoretische Schulungen erhalten und an den Wochenenden evangelistische Einsätze unternehmen würden. Auf den Einsätzen gaben wir unsere Zeugnisse weiter, spielten Sketche in Gemeinden und predigten sogar das Wort Gottes in Gemeinden und auf den Straßen. Ich spürte, dass dies die Arbeit war, die ich nach dem Willen des Heiligen Geistes tun sollte – den Menschen die Gute Nachricht weitergeben und Gemeindebau*.

Nach den ersten drei Monaten Präsenztrainings an der Togo-Jüngerschaftsschule, begannen wir darüber zu beten, wo wir die drei Monate des Einsatzes verbringen sollten. Unser Leiter hatte den Eindruck vom Herrn, dass wir an drei verschiedene Orte gehen sollten, wobei Mali einer davon war. Der Leiter betete für jeden Studenten und teilte mich in die Mali-Gruppe ein. Ich erzählte dem Leiter, dass ich begeistert sei, nach Mali zu fahren, aber dass ich kein Visum habe und hier in Togo keines bekommen könne. Er antwortete, er habe darüber gebetet und ich solle einfach fahren und mir keine Sorgen über das Visum machen.

In Togo hatten wir unter Animisten gearbeitet und erlebt, wie viele Menschen auf dramatische Weise zum Herrn fanden. Unser dreimonatiger Einsatz begann jedoch mit ein paar Wochen in Burkina Faso. Das war unsere erste Erfahrung in einem muslimischen* Dorf. Da Burkina Faso ein Land ist, das seinem Volk Religionsfreiheit gewährt, bezeugten wir das Evangelium öffentlich in Anwesenheit des ganzen Dorfes. Als ich predigte, sprach ich über Offenbarung 21 und 22 und beschrieb die Schönheit des Himmels. Als ich die Leute fragte, wer an einem solchen Ort wohnen wolle, hoben alle

Dorfbewohner ihre Hände. Mit freudiger Erwartung erklärte ich, was Jesus getan hatte, um die Tür zu öffnen, damit wir in den Himmel kommen konnten. Als ich fragte, wer Jesus nachfolgen wolle, hob keine einzige Person die Hand. Ich war schockiert. Hatte ich etwas falsch gemacht? Gab es Sünde in meinem Leben, die das Werk des Heiligen Geistes behinderte? John, mein Übersetzer, ermutigte mich, die Botschaft noch einmal zu bringen, da die Menschen sie vielleicht nicht verstanden hatten. Ihre Reaktion war gleich wie beim ersten Mal. John bat mich, sie noch ein drittes Mal zu erzählen. Ich war einverstanden aber es war mir sehr peinlich, dass niemand darauf reagierte. Nach dem dritten Bekehrungsaufruf ohne Reaktionen fühlte ich mich gedemütigt. Ich übergab John das Mikrophon und verschwand in der Dunkelheit. Ich fragte den Herrn, was ich falsch gemacht hatte, aber Er gab mir keine Antwort. Nach einer Weile ging ich zu dem Platz zurück und war überrascht, dass die Leute noch immer da waren. John hatte sie gedrängt, nach Hause zu gehen, aber sie blieben. Sie sagten, sie würden gerne an Jesus glauben, wären aber nicht bereit, ihren Stamm zu verlassen oder Verfolgung zu erleben. Wir mussten dann das Dorf verlassen und die Menschen begannen, nach Hause zu gehen. An diesem Abend sprach der Heilige Geist wieder sehr deutlich zu meinem Herzen. Er sagte: „Ich möchte, dass du gehst und die Gute Nachricht vor Muslimen* bezeugst. Ich liebe sie und möchte sie retten. Bist du bereit, mir zu folgen und an Orte zu gehen, die ich dir zeigen werde?" Ich sagte dem Herrn, ich sei bereit, aber ich würde Seine Hilfe und Führung brauchen. An diesem Punkt in meinem Leben wusste ich sehr wenig über den Islam*.

Nach zwei Wochen fuhren wir weiter zur malischen Grenze. Ich fragte den Herrn, was ich am Grenzübergang sagen und tun solle. Als wir dort ankamen, mussten wir nicht einmal unser Auto anhalten. Es war ein Wunder. Gott öffnete die Tür nach Mali für mich. Ich erhielt mein Visum am nächsten Morgen ganz einfach bei der Polizeistation in einer der größeren Städte. Ich verbrachte die nächsten paar Monate damit, Muslimen* das Evangelium zu bezeugen und erkannte, dass ein Lauf mit Gott auf dem Missionsfeld sehr spannend ist. Er kann Türen öffnen, wenn sie geschlossen zu sein scheinen. Der Herr zeigte mir, Er ist der Chef Seines Werkes und meine Aufgabe ist es, Ihm zu folgen wohin auch immer Er mich führt.

Als wir Mali verließen, war mir bewusst, dass ich mehr Schulung und Wissen über die Arbeit unter Muslimen* benötigte. Daher verbrachte ich die nächsten drei Jahre in Europa, um mich auf eine Langzeitarbeit im Ausland vorzubereiten, indem ich eine Bibelschule besuchte und einen Bachelor-Abschluss in Mission und Gemeindebau* erwarb. Während dieser Zeit prüfte mich der Herr, um festzustellen, ob ich wirklich bereit war, Ihm überallhin zu folgen, wohin Er mich führen würde.

Kapitel 2

Vorbereitung

Bevor ich für meine Jüngerschaftsschulung nach Togo ging, hatte ich eine junge Frau namens Ruth gebeten, über eine mögliche Beziehung mit mir zu beten. Wir beschlossen, während der nächsten acht Monate zu beten und dann eine Entscheidung zu treffen. Als ich aus Afrika zurückkam, hatte sie weder ein klares Ja noch ein Nein. Ruth war sich nicht sicher, ob sie den Rest ihres Lebens in Afrika verbringen wollte. Das war sehr schwierig für mich, weil ich sie wirklich gern hatte. Ich wusste nicht, was ich tun sollte. Ich kämpfte mit diesem Dilemma zwei Wochen lang und wusste noch immer nicht, was tun. Dann erinnerte mich Gott deutlich daran, was Er mir gesagt hatte in Bezug auf Seinen Willen für mein Leben. Ich sagte Ihm, ich sei bereit nach Afrika zurückzugehen, auch wenn das bedeutete, als Alleinstehender zu gehen. Zurückschauend sehe ich, dass der Herr in dieser Zeit mein Herz prüfte und meine Hingabe an die Berufung, die Er mir für mein Leben gegeben hatte. Ich preise den Herrn, dass Er mir die Gnade geschenkt hat, Seiner Berufung treu zu bleiben. Ich sagte dem Herrn, dass ich von nun an eine Beziehung nicht einmal mehr in Betracht ziehen würde, außer wenn die Frau unabhängig von mir einen klaren Ruf in die Mission habe. Er beantwortete meine Gebete schneller als erwartet.

Während ich auf der Bibelschule war, gehörte ich einem Leitungsteam an, das Jugendarbeit leistete. In diesem Team fiel mir Sara auf, die sehr entschlossen wirkte, den Herrn zu lieben und Ihm zu folgen. Ich dachte, dass sie womöglich an mir interessiert sei, aber ich zögerte, eine Beziehung anzufangen, ohne zu wissen, ob Gott sie auch nach Afrika gerufen hatte. Nach einigen Monaten erklärte ich Sara: „Du bist eine großartige junge Frau und ich erkenne die Gegenwart Gottes in dir. Vielleicht irre ich mich, aber es kommt mir so vor, als ob du dich zu mir hingezogen fühlst. Wenn das der Fall ist, dann lass deine Gefühle bitte los, weil ich nicht an dir interessiert bin. Es tut mir leid." Sara sagte, dass sie wirklich Gefühle für mich habe und dass sie dankbar sei für meine Ehrlichkeit ihr gegenüber.

Einige Monate später rief Gott Sara, sich aufzumachen, um unter Muslimen* in Afrika zu arbeiten. Als sie ihre Arbeitsstelle aufgab, um in Südfrankreich ein zweijähriges Trainingsprogramm zu beginnen, das auf Nordafrikaner ausgerichtet war, erkannte ich, dass der Herr sie wirklich berufen hatte, unter Muslimen* in Afrika zu arbeiten. Ich spürte, Sara war die Frau, die Gott an meine Seite stellen wollte. Aber, nachdem ich ihr ausdrücklich gesagt hatte, sie solle keine weiteren Gefühle für mich entwickeln, zögerte ich, ihr das mitzuteilen. Schließlich nahm ich meinen Mut zusammen und fragte sie, ob sie bereit sei, meine Frau zu werden und den Großteil ihres Lebens mit mir in Afrika zu verbringen. Sara war sehr überrascht und fragte mich, was meine Meinung so schnell geändert habe. Ich erzählte ihr, was ich dem Herrn diesbezüglich gesagt hatte: keine Beziehung mit einer Frau zu beginnen, außer sie habe unabhängig von mir eine Berufung für Afrika. Sie war sehr bewegt. Wir begannen unsere Beziehung im August und verlobten uns im Dezember. Sara brach im Januar zu ihrem Training in Südfrankreich auf und wir verbrachten die nächsten zwei Jahre damit, durch Briefe und ein paar teure Telefongespräche in Kontakt zu bleiben. Das Internet gab es damals noch nicht. Ich arbeitete weiter darauf hin, meinen Bachelor in Gemeindegründung* und Weltmission abzuschließen.

Während meiner Zeit an der Bibelschule erfuhr ich von drei Orten, wo wir mit einer Pionierarbeit unter unerreichten Muslimen* beginnen konnten. Ich fuhr für ungefähr einen Monat nach Afrika, um Gottes Willen für unseren ersten Einsatzort zu suchen. Wir kamen früh am Morgen an, nachdem wir viele Stunden in der Nacht auf einem LKW verbracht hatten. Ich war sehr müde, und das einzige was ich tun wollte, war einen Platz zu finden, wo ich mich erschöpft hinlegen konnte. Zu meiner Überraschung fragte mich jedoch ein Mann namens Hassan, ob ich derjenige sei, der ihn dabei unterstützen würde, die Gute Nachricht in seiner Stadt zu bezeugen. Hassan war ein Moslem*, der erst kürzlich Jesus angenommen hatte. So erzählten wir gemeinsam den Leuten in der Stadt die Gute Nachricht von Jesus. Innerhalb weniger Tage entschied sich eine Handvoll Muslime*, Jesus nachzufolgen. Ich war so begeistert zu erleben, dass Muslime* sich Jesus zuwendeten. Aber gleichzeitig sprach der Heilige Geist zu mir. Er sagte: „Das ist nicht der Ort, wo ich dich haben möchte. Diese Menschen können die Arbeit ohne dich tun."

So fuhr ich an den zweiten Ort und begegnete einem Mann namens

Ahmed von dem Volksstamm, den wir für Jesus erreichen wollten. Ich gab ihm eine kleine Broschüre, die von interkulturellen Mitarbeitern* geschrieben worden war, die unter demselben Volksstamm in einem anderen Land arbeiteten. Als Ahmed die erste Seite der Broschüre las, sagte er zu mir auf Französisch: „Ich bin ein Moslem*; du bist ein Christ. Ich darf nicht mehr mit dir sprechen. Nimm diese Schrift und geh!" Als ich diese Worte hörte, spürte ich wie der Heilige Geist sagte: „Das ist die Volksgruppe* unter der du arbeiten und meinen Namen bezeugen sollst!"

Ich fuhr weiter und reiste in eine andere Stadt, wo diese Volksgruppe* lebte und fragte Gott, ob das die Stadt sein könnte, in der wir leben sollten. Ich erreichte sie am Abend per Buschtaxi* und fragte nach einem Quartier für die Nacht. Die Leute waren sehr unfreundlich, was für Afrikaner ungewöhnlich ist. Sie sagten mir, ich solle weiterfahren und nicht dort bleiben. Ich suchte ein Taxi um weiterzufahren, aber es gab keine Taxis. So brachten sie mich schließlich zum Stadtoberhaupt, um ihn zu fragen, was sie mit mir machen sollten. Ich wartete dort, bis der Mann nach Hause kam. Seine Frau fragte mich währenddessen, woher ich gekommen sei und was ich da tun wolle. Ich sagte ihr, ich sei aus einer anderen Stadt gekommen und würde in dieser Stadt nur durchreisen und morgen weiterfahren. Als ich die Stadt, aus der ich gekommen war, erwähnte, meinte sie, dass ein Teil ihrer Familie dort wohne. Ich erzählte ihr, dass ich dort vor ein paar Tagen zu einer Hochzeit eingeladen gewesen sei und nannte den Namen der Braut. Plötzlich änderte sich die ganze Situation. Erfreut rief sie aus: „Das ist meine Cousine. Sie waren auf der Hochzeit meiner Cousine! Sie sind in unserer Stadt willkommen." Als ihr Mann nach Hause kam, wurde ich wie ihr Ehrengast behandelt. Während der nächsten paar Tage zeigte er mir die ganze Stadt. Wieder einmal war ich begeistert zu sehen, wie Gott alles unter Kontrolle hat. In meinem weiteren Lauf mit Gott freute ich mich immer mehr über das spannende Abenteuer, für Ihn zu arbeiten, um Sein Königreich voranzutreiben.

Ich fuhr nach Europa zurück und heiratete Sara im Juni 1995 nach einer Verlobungszeit von zweieinhalb Jahren. Der Herr hatte auch Sara unsere Berufung für das Land, in dem ich war, bestätigt. Ihre Eltern hatten mit uns über unseren Dienst in diesem Land gebetet, und mein Schwiegervater hatte eine deutliche Vision von vielen Menschen, die in der Hauptstadt errettet wurden und von dort das Evangelium in ihre Dörfer zurücktrugen.

Das war genau das, was Jahre später passierte. Nach unserer Hochzeit verbrachten wir ein weiteres Jahr mit Vorbereitungen. Wir lernten Französisch und Englisch und arbeiteten einige Monate in der Sendungsbasis* unserer Organisation.*

Kapitel 3

Eine neue Kultur

Bezeuge jedem Moslem*, den du triffst, das Evangelium innerhalb der ersten fünf Minuten. Immerhin ist das der Grund, warum wir hier sind.

Ursprünglich dachten wir, wir würden uns ein paar Jahre in einem relativ offenen Land, im Süden des Landes, in dem wir dienen wollten, auf das Erlernen der Sprache und der Kultur konzentrieren. Aufgrund zwingender Umstände und Herausforderungen, mit denen das Land konfrontiert war, wurden wir hingegen eingeladen, direkt in den Norden zu ziehen, um mit einer Hilfsorganisation zusammenzuarbeiten und uns um eine große Zahl unterernährter Kinder zu kümmern. Wir waren begeistert, dorthin zu ziehen und wahrscheinlich die Ersten zu sein mit einer klaren Vision und Leidenschaft für Gemeindegründung* in dieser unerreichten Volksgruppe*. Wir waren sehr dankbar, von ein paar anderen Ehepaaren, die in derselben Stadt lebten, aber auf ein anderes Volk mit einer anderen Sprache abzielten, sehr viel lernen zu können. Ich hatte keinerlei Erfahrung in der Arbeit mit Muslimen*. An der Schule hatte ich jedoch einige Theorien gelernt und ich hatte ein paar eigene Vorstellungen. Meine größte Angst war, dass wir nicht die richtige Ausgewogenheit darin finden würden, wie offen wir das Evangelium verkündigen sollten. Wir wollten weise sein und uns anleiten lassen, wenn es nötig war, aber wir wollten nicht den Fehler machen, das Evangelium zu wenig weiterzusagen. Der Direktor des Hilfswerks gab mir einen großartigen Rat für das Bezeugen des Evangeliums in einem muslimischen Umfeld. Er riet mir, jedem Moslem*, dem ich begegne, das Evangelium innerhalb der ersten fünf Minuten zu bezeugen. Immerhin sei das der Grund, warum wir hier sind. Er warnte außerdem davor, über Politik zu reden oder sich negativ über Dinge zu äußern, die mit ihrer Religion zusammen hingen, da dies viele Probleme verursachen würde. Dieser Rat war sehr hilfreich und ich wende diese Prinzipien noch immer an, um Jesus dort zu bezeugen, wo ich bin. Ich bete für politische Leiter und Situationen, aber ich steige nicht auf Diskussionen zu diesen Themen ein.

Wir hielten es für wichtig, unter den Menschen zu leben, die wir erreichen wollten. In unserer Gegend gab es keine Immobilienmakler. Deshalb spazierten wir einfach umher und fragten die einheimischen Ladenbesitzer, ob sie von einem Zimmer wüssten, das zu mieten wäre. Ich fand eine gute Möglichkeit, aber der Mann des Hauses war nicht da, um mit ihm darüber zu reden. Deshalb musste ich später am Abend noch einmal vorbei gehen. Das Ehepaar hatte in seinem Haus ein Zimmer frei, aber ich hatte den Eindruck, dass es nicht der richtige Platz für uns sei. David, der Ehemann, war Schneider und ich bat ihn, eine einheimische Tracht für mich zu nähen, was er mit Freude tat. Später wurde er einer der ersten Christen aus seiner Volksgruppe*. Jahre danach bekannte David, dass er mir kein Zimmer vermieten wollte. Er hätte Angst gehabt, ich sei ein Spion, den man zu ihm geschickt habe um herauszufinden, was er mache. Er stammte aus einer unterdrückten Volksgruppe*, die einige schwierige Jahre durchlebt hatte, gerade bevor wir gekommen waren.

Schließlich fanden wir ein Zimmer zur Miete in einer Wohnanlage, die von 40 Leuten in acht separaten Zimmern geteilt wurde. Wir alle teilten uns dieselbe Dusche und dasselbe Badezimmer. Im Sommer schliefen wir alle im Freien, weil es durch das Blechdach drinnen zu heiß wurde. Das Haus besaß weder Elektrizität noch fließendes Wasser. Deshalb bekamen wir unser Wasser von einem Eselfuhrwerk, das täglich zu unserer Anlage kam und jeder Familie das Wasser austeilte. Nachdem das Schlafen im Freien mit 40 anderen Leuten nicht viel Privatsphäre erlaubte, verwendete der Herr diesen Umstand dazu, uns zu helfen, die Leute in ihren täglichen Herausforderungen besser zu verstehen.

Glücklicherweise war die Regenzeit kurz, denn das Wasser drang oft in unsere Anlage ein und manchmal auch in unser Zimmer. Sara und ich erlebten Herausforderungen, denen wir nie zuvor begegnet waren. Ich war sehr stolz auf sie, da sie mit diesem einfachen Leben so gut zurechtkam. Wir hatten eine kleine Gasflasche in unserem Zimmer zum Kochen, zwei einfache Matratzen zum Schlafen, einen Kübel für das Trinkwasser und eine Eisentruhe für unsere Kleidung.

Wir wählten diesen Lebensstil, weil die meisten Menschen, die wir er-

reichen wollten, so lebten. Es verschaffte uns einen sehr guten Zugang zu
ihnen und der Herr half uns, die Sprache und Kultur schnell zu erlernen.
Die fehlende Privatsphäre, die uns zu schaffen machte, war auch unsere
Gelegenheit, ein helles Licht für Jesus zu sein. Es war unmöglich, irgendetwas vor den Nachbarn zu verbergen. Die Wände waren zu dünn. Wir
alle kannten das Leben des Anderen gut. Manchmal, wenn es einen Streit
zwischen Nachbarn oder einem Mann und seiner Frau gab, musste ich den
Mann wegführen und ihn bitten, der anderen Person zu vergeben, damit er
aufhörte, seine Frau oder den Nachbarn zu schlagen. Gemäß der Tradition
konnte man nicht zu kämpfen aufhören, bevor eine dritte Partei die Strei-
tenden trennte. Einmal sagte einer unserer Nachbarn: „Du schlägst deine
Frau nie. Was machst du, dass deine Frau noch immer so bescheiden ist und
dich als ihren Ehemann respektiert? Wir müssen unsere Frauen regelmäßig
schlagen, damit sie uns gehorsam bleiben." Ein anderer Mann sagte: „Deine
Frau ist eine gottesfürchtige Ehefrau. Sie muss Gott sehr lieben. Wie sie lebt
und wie sie dich und die anderen von uns behandelt, zeigt, dass sie Gott
sehr achtet."

Unsere Hingabe, mit Menschen zusammenzuleben, ist nicht
der Schlüssel, die Herzen der Menschen zu gewinnen. Der Heilige Geist muss die Menschen berühren, damit sie erkennen
können, wer Jesus ist.

Wir waren dankbar, an diesem Ort zu leben, wo es viele Gelegenheiten gab, Menschen kennenzulernen und ihre Sprache und Kultur zu erlernen, damit wir ein Zeugnis für Jesus sein konnten. Wir glauben, dass unsere
Fruchtbarkeit für das Reich Gottes sowohl in diesem als auch in unserem
nächsten Einsatzland zum Großteil auf diese Zeit zurückzuführen ist. Die
Sprachkenntnisse und das Kulturverständnis, die wir gewannen, sollten
sich während der Jahre unseres Dienstes als sehr wertvoll erweisen. Der
größte Gewinn in dieser Zeit war allerdings, dass wir lernten, die Leute in
einer Weise zu lieben, die wir nicht gelernt hätten, wenn wir nicht wie einer
von ihnen gelebt hätten. Es ist jedoch interessant, dass niemand außer einer
Frau aus dieser Wohnanlage den Herrn Jesus annahm. Wir erkannten, dass
unsere Hingabe, mit diesen Menschen zusammenzuleben, eine großartige Möglichkeit ist, mit der örtlichen Gemeinschaft eng verbunden zu sein.

Aber es ist nicht der Schlüssel, um die Herzen der Menschen zu gewinnen. Der Heilige Geist muss die Menschen berühren, damit sie erkennen können, wer Jesus ist.

Frucht

Während der 18 Monate, die wir in der Wohnanlage lebten, fastete unser Team gewöhnlich einen Tag pro Woche und betete einmal wöchentlich fünf Stunden lang, dass Gottes Kraft herabkommen würde. Wir beteten auch täglich als Team eine Stunde lang dafür, dass Gottes mächtige Hand diese wunderbaren Menschen berühren möge. Nach drei Monaten schenkte uns Gott die ersten Gläubigen. Die meisten von ihnen kamen einfach durch Gottes übernatürliche Führung zu uns.

Eines Tages hielt uns Lydia, eine arme Frau, die am Straßenrand Bananen verkaufte, auf und fragte: „Seid ihr diejenigen, die gekommen sind, um mir ein Buch zu geben, in dem ich die Wahrheit finde?" Wir waren überrascht und fragten sie, warum sie uns eine solche Frage stelle. Sie erzählte uns dann, dass sie als zehnjähriges Mädchen einen Traum gehabt habe. Darin sah sie, wie meine Frau und einer unserer Mitarbeiter ihr ein Buch gaben. Wir hatten das Lukasevangelium bei uns und gaben es ihr. Lydia las es sehr rasch und war nach kurzer Zeit bereit, Jesus nachzufolgen. Später erzählte sie uns, dass ihr Vater sie, nachdem sie diesen Traum als Kind gehabt hatte, zu einem ortsansässigen, anerkannten, religiösen Führer brachte, weil sie durch diesen Traum sehr durcheinander war. Als der Führer ihren Traum hörte, sagte er zum Vater: „Deine Tochter ist dazu verflucht, eines Tages Jesus nachzufolgen und es gibt nichts, was du oder ich dagegen tun können. Warte und du wirst es sehen. Lydia wird eines Tages Jesus nachfolgen. Nimm deine Tochter und geh nach Hause." Fünfzehn Jahre später war die Tochter eine der ersten Frauen dieses Stammes, die Jesus nachfolgten.

An einem anderen Abend nach Sonnenuntergang kam ein Mann namens Hussein in unsere Wohnanlage. Er schien Angst zu haben. Er nahm eine Ausgabe des Lukasevangeliums aus seiner Tasche und sagte: „Ich möchte das befolgen, aber ich fürchte mich vor den Leuten und der ganzen Gesellschaft um mich herum. Bitte helft mir, mehr von Jesus zu verstehen und lehrt mich, Ihm hier in dieser Umgebung zu folgen." Hussein erinnerte mich an Nikodemus im dritten Kapitel des Johannesevangeliums. Später brachte er einige seiner Freunde zu mir und einige von ihnen nahmen den Herrn ebenfalls an. Jedoch blieben die meisten dieser jungen Männer nicht bei uns. Sie wollten ins Ausland reisen, um ein besseres Leben zu finden, als ihr Land ihnen bieten konnte. Es war hart für uns, das zu akzeptieren, da wir es als schweren Schlag für unsere Gemeindegründungs-Bemühungen empfanden. Die ersten Gläubigen verließen das Land! Aber wir lernten, dem Herrn zu vertrauen und darin gehorsam zu sein, die Gute Nachricht denen zu bezeugen, die der Herr zu uns brachte.

Später trafen wir einen Mann namens Omar aus einer höheren Gesellschaftsschicht, der mehrere Jahre auf Reisen im Ausland verbracht hatte. Wir begegneten ihm nachdem er sesshaft geworden war und mehrere Kinder bekommen hatte. Er war ein sehr bescheidener Mann und ich spürte von Anfang an, dass er ein Mann des Friedens war. Wir verbrachten sehr viel Zeit miteinander und ich lernte auch seinen ältesten Sohn Yaquub kennen. Beide begannen, das Neue Testament zu lesen und eines Tages fragte mich Yaquub, was er tun müsse, um Jesus nachzufolgen. Wir entschieden, dass er zuerst seinen Vater fragen musste und ich bot an, auch mit diesem darüber zu sprechen. Als ich mit Omar redete, sagte er: „Ich wäre stolz, wenn Yaquub den Lehren Jesu, wie sie in diesem Buch stehen, folgen würde, denn dann wäre er ein gottesfürchtiger Mann." Einige Monate später nahmen beide Jesus an und sie gehörten zu den ersten Männern, die getauft wurden.

Während dieser Zeitspanne wurde uns völlig klar, dass es wirklich der Heilige Geist ist, der die Herzen der Menschen vorbereitet. Er muss die Augen der Männer und Frauen öffnen, damit sie verstehen können, wer Jesus ist. Es war eine große Freude mitzuerleben, wie die ersten Männer und Frauen im Namen Jesu getauft wurden.

Kapitel 5

Die unsichtbare Welt

Wir hatten die starke Überzeugung, dass Gott immer alles unter Kontrolle hat. Zunehmends aber lernten wir, dass der Teufel die Menschen nicht so einfach gehen lässt ohne den Versuch, sie in der Finsternis festzuhalten. Die Menschengruppe, unter der wir arbeiteten, war zu hundert Prozent muslimisch, aber fast alle von ihnen waren mit einer okkulten Form verstrickt, die man Volksislam* nennt.

Eines Tages hatte Hawa, eine unserer Nachbarinnen, einen Streit mit ihrem Ehemann Mustafa und lief davon. Mustafa erklärte Hawa, wenn sie nicht bis zum Ende des Monats zurückkäme, würde ihr etwas zustoßen. Hawa kam nicht zurück und Mustafa ging zum einheimischen Zauberdoktor, um sie zu verfluchen, damit sie wahnsinnig werden würde. Am letzten Tag des Monats, mitten in der Nacht, verlor Hawa den Verstand.

Ein anderes Mal brachte ein Mann seinen von Dämonen besessenen Sohn in Ketten gebunden zu uns. Durch Gebet und nach einer Behandlung mit Medikamenten, ging es ihm viel besser. Trotz unserer Ermutigung Jesus nachzufolgen und völlige Befreiung von den Dämonen zu erfahren, wollte die Familie ihr Leben nicht Jesus anvertrauen. Also hörten wir tatsächlich auf, für ihn zu beten, denn wie die Bibel sagt, wenn ein Haus gekehrt aber nicht mit etwas anderem gefüllt wird, werden sieben andere schreckliche Geister hineinkommen. Einige Wochen später befand sich der Sohn wieder im selben Zustand – dämonisiert und im Haus angekettet.

Nachdem wir einige Wochen mit einem Mann namens Abdallah, der sich im Koran* sehr gut auskannte, in der Bibel gelesen hatten, kamen wir zu einer Stelle, wo Jesus Menschen von Dämonen befreit. Abdallah sagte, dass er mir seine Lebensversicherung zeigen wolle. Ich war überrascht von einem Afrikaner mit Lebensversicherung zu hören, aber es dauerte nicht lange bis ich verstand, was er meinte. Er brachte mir ein mit Amuletten und Koranversen behängtes Hemd. Abdallah hatte es von seinem Vater geerbt. Sein Wert betrug ein Jahreseinkommen. Er sagte, dass er es verbrennen

wolle, weil er jetzt dem Herrn vertraue. Wir gingen an den Strand, um das
Hemd zu verbrennen und nahmen einige junge Männer aus demselben
Stamm, die erst vor kurzem begonnen hatten, dem Herrn nachzufolgen,
mit uns. Die jüngeren Männer sagten, dass das Hemd zu viel Macht habe,
um verbrannt zu werden. Es werde aus dem Feuer springen. Es war in der
Anfangszeit des Krieges benutzt worden, um die Menschen vor Gewehren
und Messern zu schützen. Wir beteten im Namen Jesu und zündeten das
Hemd an. Alle diese jungen Gläubigen entdeckten, dass Jesus mächtiger
ist als die Macht, der sie bisher gefolgt waren. Wir erfuhren später, dass 15
Meilen entfernt Abdallahs Frau spürte, wie ihre Geisterkraft das Haus verließ, obwohl sie nicht wusste, was am Strand passierte. Als sie im Haus nach
dem Hemd suchte und es nicht fand, wusste sie, dass es brannte.

Ein anderer Mann kam zu uns, frustriert, weil er in seinem neuen
Glauben keine Fortschritte machen konnte. Er begann, schreckliche sexu-
elle Sünden aus seinem Leben zu bekennen, durch welche er den Dämonen
die Tür geöffnet hatte. Als er seine Sünden bekannte, befreite der Herr ihn
vollkommen und schenkte ihm Sieg über die Finsternis. Heute ist er verheiratet und hat eine Familie.

Zeinab, eine Frau, die aus einem anderen arabischen Land gekommen
aber hier verheiratet war, wurde eine gute Freundin meiner Frau Sara. Gemeinsam schauten sie sich eine Version des Jesus-Films* an, der extra für
Frauen gemacht worden war: Maria aus Magdala*. Der Film zeigt deutlich,
wie Maria von Dämonen besessen war und wie Jesus sie befreite. Nach dem
Film bekannte Zeinab, dass sie von Dämonen besessen sei. Sie erinnerte
sich sogar daran, wie die bösen Geister in ihr Leben gekommen waren als
sie zwölf Jahre alt war. Inzwischen hatten wir mehr Erfahrung im Umgang
mit bösen Geistern und wir wussten, dass wir nur dann für ihre Befreiung
beten sollen, wenn sie bereit war, Jesus anzunehmen und ihr ganzes Leben
Ihm anzuvertrauen. Zeinab wollte das nicht tun. Deshalb beteten wir nur
für sie, trieben aber den Geist nicht aus. Nach dem Gebet bestätigte sie,
dass während wir beteten eine andere Macht gewirkt hatte. Wir erklärten
ihr, dass sie vollkommen befreit werden könne, aber dass sie dazu ihr Leben
Jesus anvertrauen müsse. Zeinab war nicht bereit dazu und steht noch immer unter dem dämonischen Einfluss.

Ein anderes Mal bezeugten wir das Evangelium in einem Dorfgebiet
und die Menschen schienen sehr offen zu sein. Wir beteten für die Kranken und der Herr begann, die Leute zu bewegen und zu berühren. Plötzlich

begann eine Frau Geräusche von sich zu geben wie ein Tiger. Sie kam auf meinen Freund und mich zu und drohte: „Das ist das letzte Mal, dass ihr sprecht und den Namen Jesu verkündigt. Ich bin hier, um euch jetzt zu töten." Wir antworteten, dass Satan ein Lügner sei und Jesus ihn am Kreuz besiegt hätte. Dann beteten wir im Namen Jesu und plötzlich fiel die Frau zusammen als wäre sie tot. Sie lag dort ungefähr fünf Minuten und stand dann völlig geheilt auf. Nachdem die Menschen gesehen hatten, dass Gottes Macht größer ist als die bösen okkulten Kräfte, die sie alle kannten und fürchteten, wurden sie offener, das Evangelium zu hören.

Wir beteten auch für unfruchtbare Frauen. Einige von ihnen standen unter einem Fluch, andere konnten aus Gründen, die wir nicht kannten, einfach nicht schwanger werden. In einigen Fällen schenkte Gott den Frauen Kinder.

Viele weitere Geschichten könnten den obigen hinzugefügt werden. Ich wollte nur einige erwähnen um zu betonen, wie wichtig es ist, die Kraft Jesu in unserem Leben zu kennen, wenn wir in den Kampf mit der unsichtbaren Welt treten. Preist den Herrn, dass wir siegreich sind, da Jesus der ultimative Sieger ist! Machtvolle Erfahrungen sind oft ein Türöffner, damit Menschen von Jesus hören. Aber es ist wesentlich, dass die Menschen auch die Wahrheit von Jesus erkennen.

> **Wenn sie nur die Kraft Jesu erleben ohne die Wahrheit Jesu zu erkennen, werden sie Ihm nicht nachfolgen.**

Kapitel 6

Bedrohungen und Herausforderungen

Die Menschen, unter denen wir arbeiteten, zählten zu den freundlichsten, die mir je begegnet sind. Sie waren sehr gastfreundlich und luden Fremde sehr schnell in ihre Häuser ein, um Essen und alles, was sie hatten, mit ihnen zu teilen. Obwohl selbst strenge Muslime*, waren sie offen für Menschen anderer Religionen, besonders für Christen. Das war nicht immer der Fall gewesen. Vor hunderten von Jahren waren sie diejenigen gewesen, die den Islam* in die Stämme Westafrikas getragen hatten. Sie wurden als die reinen und heiligen Anhänger des Islam* betrachtet. In der jüngeren Geschichte war ihr religiöser Stolz durch ethnische Säuberungen*, die 1989 begannen, gebrochen worden. Muslime*, die eine hellere Hautfarbe hatten, töteten und verfolgten andere Muslime* aufgrund ihrer ethnischen Herkunft. Viele dieser ehemals stolzen afrikanischen Muslime* begannen, sich für neue Gedanken zu öffnen. Sie trafen sich mit Leuten aus dem Westen, die ihnen halfen. Einer meiner Freunde, der ein religiöser Führer war, sagte mir: „Wenn du zehn Jahre früher gekommen wärst, hätte ich dich nicht einmal gegrüßt, weil du kein Moslem* bist. Aber ich habe gesehen, wie Christen unserem Stamm geholfen haben, obwohl sie Christen sind und wir Muslime*."

Obwohl wir viele Freundschaften schlossen, waren einige Menschen dieses Stammes über unsere Gegenwart dort nicht erfreut. Über einen Zeitraum von zehn Jahren erhielt unser Team mehrere einschüchternde Drohbriefe, von denen wir manche ernst nahmen. Es war in diesem Land üblich, dass der Überbringer solcher Drohungen Geld verlangte, im Austausch gegen weitere Information. Drohungen dieser Art nahmen wir nicht ernst, da davon auszugehen war, dass der Überbringer nur versuchte, Geld zu erpressen.

Eine der Drohungen, die wir ernst nahmen, erhielten ein Freund und ich nur wenige Tage nachdem Sara mit unserem Sohn Ezechiel wegen medizinischer Fragen in der Schwangerschaft in unser Heimatland gereist war. Ein Mann kam in unser Büro, platzte in eine Besprechung und weigerte sich wegzugehen, bevor er mit mir gesprochen hatte. Er sagte mir, er habe gehört, dass 16 Männer planten, uns zu „schlachten wie Schafe". Wir wussten, diese Drohung war ernst zu nehmen, da er kein Geld haben wollte. Nachdem sein Leben 15 Jahre zuvor durch die Amerikanische Botschaft gerettet worden war, hatte er gelobt, allen weißen Fremden zu helfen wo er konnte.

Wir hatten Angst. Unsere erste Reaktion war, das nächste Flugzeug zu nehmen, um von dort wegzukommen. Aber wir erkannten schnell, dass dies bedeuten würde, unser Gastgeberland für immer zu verlassen. Einfach für einige Wochen wegzugehen und dann zurückzukommen, würde an der Situation überhaupt nichts ändern. Nach Gebet und einem Telefongespräch mit Sara entschieden wir uns, zu bleiben. In dieser Nacht lagen mein Freund und ich auf dem Dach und dachten darüber nach, wie wir die 33 Jahre bisher gelebt hatten. Eine Sache spürten wir beide deutlich: Wir würden erneut unser Leben für Jesus hingeben und geloben, Ihm zu dienen, wo immer Er wollte. Es gibt keine größere Freude, als im Willen unseres Herrn Jesus zu sein. Der Herr sprach zu uns mit Psalm 91,7, der einer meiner Lebensverse wurde:

> **Wenn neben dir auch Tausende sterben, wenn um dich herum Zehntausende fallen, kann dir doch nichts geschehen.**

Der Herr berührte unsere Herzen zutiefst und machte uns Seine Wahrheit lebendig. Außergewöhnlicher Friede erfüllte unsere Herzen. Wir wussten in unserem Innersten, dass uns nichts geschehen konnte von Seiten der Menschen, außer wenn Gott es zuließe. Das bedeutete, dass der Herr auch für die Folgen verantwortlich wäre, nämlich für unsere Familien zu sorgen.

Ich behaupte nicht, dass man nie vor den Risiken der Verfolgung fliehen sollte. Wir sehen im Leben von Paulus, dass er seinen Verfolgern manchmal durch Flucht entkommen war und in anderen Situationen entschieden hatte, zu bleiben, selbst wenn dies Verfolgung und Tod bedeuten konnte. Der Heilige Geist half ihm zu erkennen, was er in der jeweiligen

Situation tun sollte. In gleicher Weise spürten wir, nachdem der Herr auf diesem Dach zu uns gesprochen hatte, die Gewissheit, dass der Herr für unsere Familien zuständig war, egal wie alles ausgehen würde.

Mit der Information über einen möglichen Angriff auf uns, gingen wir zur örtlichen Polizei. Die Beamten waren sehr besorgt, da sie nicht wollten, dass irgendwelchen Ausländern etwas zustieß. Dies würde sich negativ auf die internationalen Beziehungen auswirken. Sie untersuchten die Sache, fanden aber keinen der 16 Männer. So ging unser Leben weiter und nichts stieß unseren Körpern je zu. Geistlich jedoch wurden wir durch das, was Satan uns zum Bösen gereichen lassen wollte, im Glauben an den Einen, der souverän über allem steht, gestärkt.

Ein paar Jahre später wurde mein Vertrauen in Gottes Schutz für meine Familie erneut auf die Probe gestellt. Mein Name und die Namen von wichtigen Leitern von Gläubigen muslimischer Herkunft (Muslim Background Believers – MBB*) erschienen in einem Artikel über unsere Gemeindebau-Arbeit in der Lokalzeitung. Im Artikel wurde behauptet, ich sei die gefährlichste Person im Land, weil ich mehr als 100 Leute zum Christentum bekehrt hätte. Der Artikel brachte mich auch mit einer anderen Situation, als ein afrikanischer Pastor angeblich eine junge MBB*-Frau gekidnappt hatte, in Verbindung. Wir erfuhren von diesem Bericht während unseres Heimaturlaubs* in unserem Heimatland, eine Woche vor unserer geplanten Rückkehr in unser Gastgeberland. Wieder waren wir damit beschäftigt darüber zu beten, ob wir unser Leben riskieren und zurückkehren sollten. Der Herr sprach zu uns als Familie und wir spürten, dass es richtig war zurückzukehren und den einheimischen Gläubigen beizustehen. Unsere Gemeindeleiter waren mit unserer Entscheidung einverstanden, so fuhren wir.

Ich musste wirklich gegen die Sorgen um meine Familie sowie um die MBBs* und ihre Familien kämpfen, falls ich getötet oder für mehrere Jahre inhaftiert werden sollte. Der Druck verstärkte sich, als diese Zeitung weiterhin fast wöchentlich Artikel über uns veröffentlichte. Aber wir gingen im Vertrauen in den Einen vorwärts, der mir versprach:

Wenn neben dir auch Tausende sterben, wenn um dich herum Zehntausende fallen, kann dir doch nichts geschehen.
Psalm 91,7

Das meiste, was die Zeitschrift über uns druckte, entsprach der Wahrheit. In einer Woche jedoch brachten sie einen Artikel, der zweifelsfrei falsch war. Der Artikel beschuldigte uns der homosexuellen Aktivität, die in dieser Kultur strengstens bestraft wurde. Wir gingen mit diesem Artikel zu einem gut informierten Freund, der schockiert war, solche Lügen zu lesen. Einige Tage danach wurde diese Zeitschriftenagentur auf mysteriöse Weise für zwei Jahre geschlossen.

Eine andere herausfordernde Situation bezüglich der Sicherheit, die wir in diesem Land erlebten, ergab sich daraus, dass Osman, ein MBB* der mit uns an einem sehr wichtigen evangelistischen Übersetzungsprojekt arbeitete, auf uns aufmerksam machte. Er war die Stimme in einem Film, der unserer Meinung nach ein Werkzeug Gottes für die Errettung noch viel mehr Menschen aus dieser Volksgruppe* sein würde. Wir waren gerade mit den Aufnahmen fertig geworden und bereit, in Produktion zu gehen, als Osman auf dem Weg ins Nachbarland, wo er seine Familie besuchen wollte, von der Grenzpolizei angehalten wurde. Die Polizei verhörte ihn, nachdem sie eine Bibel in seiner Tasche gefunden hatte und drohte ihm mit Gefängnis und Tod. Nach einigen Tagen erzählten sie ihm, dass sie alles über die Leute, mit denen er zusammenarbeitete, wüssten und versprachen ihm die Freiheit, wenn er ihnen die Namen dieser Leute mitteilte. Ihren Lügen Glauben schenkend, erzählte Osman, wie er dazu gekommen war, Jesus nachzufolgen und berichtete auch von seiner Vision, dass durch den Film, den wir in die Regionalsprache übersetzt hatten, hunderte Menschen Jesus kennenlernen würden. Er erwähnte auch, dass er Jesus durch mich kennengelernt hatte und dass ich das Haupt einer Organisation war. Als er mit seinen Mitteilungen fertig war, war der Polizeibeamte sehr zornig und drohte: „Ich habe dein ganzes Geständnis auf diesem Band hier aufgezeichnet. Du wirst vor Gericht gestellt und im Gefängnis landen und diese Organisation wird aus dem Land geworfen." Osman ging den Beamten in die Falle und erzählte alles. Sie konfiszierten seinen Reisepass und schickten ihn nach Hause zurück.

Er kam sofort zu mir und beichtete die ganze Geschichte. Obwohl ich enttäuscht war, dass er der Polizei so leicht in die Falle gegangen war, sagte ich ihm, wie stolz ich sei, dass er seinen Glauben nicht verleugnet habe. Ich sagte ihm auch, dass wir schon andere herausfordernde Situationen wie diese erlebt hätten und dass wir keine Angst haben sollten, weil Gott mit uns

ist. Wir beteten gemeinsam, dass der Herr eingreifen und uns helfen würde,
diese Herausforderung mit Seiner Kraft zu überwinden. Osman verließ das
Büro in der Zuversicht, dass der Herr uns helfen würde.

Einige Tage danach meldete sich die Polizei bei ihm um zu sehen, ob
sie Geld aus ihm herausholen könnten. Sie versprachen ihm, die ganze Sache geheimzuhalten, wenn er ihnen eine große Summe geben würde. Er
wusste inzwischen, dass die Polizei einfach verlogen war und dass sie den
Fall nie ruhen lassen würde. Daher ließ er die Beamten wissen, dass sie kein
Geld bekommen würden und dass der Herr, dem wir vertrauten, mit uns
sei. Deshalb hätten wir keine Angst vor ihnen. Der Polizeibeamte wurde
sehr zornig und sagte: „Ich werde dir zeigen, dass dein Gott dir nicht wird
helfen können. Diese Organisation wird aus dem Land ausgewiesen werden!" Osman kam zu mir zurück und sagte, der Beamte wolle rasch handeln
und sei entschlossen, seinen Entscheid umzusetzen. Er bat mich um etwas
Geld, damit sein Onkel, der sehr einflussreich war, uns helfen könnte. Wir
konsultierten gemeinsam die Bibel und ich erklärte ihm, warum wir das
nicht tun konnten, auch wenn es in seiner Kultur üblich und vertretbar war.
Die ganze Situation wurde eine Jüngerschaftslektion für ihn.

Diesmal war Osman verängstigt, als er wegging. Ich sah, wie die Angst
ihn einnahm und er ärgerte sich noch immer, dass ich ihm kein Geld für
seinen Onkel geben wollte, damit er das Problem für uns lösen würde. In
derselben Nacht rief er mich an und sagte, er würde Selbstmord begehen,
wenn wir seinem Onkel das Geld nicht geben würden. Ich sagte ihm, dass
ich seinem Onkel kein Geld geben konnte. Er solle nicht sein Leben und seine Ewigkeit zerstören, indem er sich umbrachte. Ich schlief diese Nacht nicht
viel und betete für ihn, dass Gott ihm helfen möge, diesen Angriff des Bösen
zu überwinden. Gott sei gedankt, dass er nicht Selbstmord beging. Als die
Zeit, da sie uns vor Gericht stellen und unsere Arbeit beurteilen und ihn ins
Gefängnis werfen wollten, näher rückte, bat Osmans Vater seinen Onkel, etwas zu unternehmen. Es würde große Schande auf die Familie und sogar den
ganzen Stamm bringen, wenn sein Sohn öffentlich dafür verurteilt werden
sollte, ein Nachfolger Jesu geworden zu sein. Gott verwendete die Beschämung seines Vaters dazu, unsere Bedrohung abzuwenden. Der Polizeibeamte schloss den Fall, um nicht den ganzen Stamm in Verruf zu bringen.

Obwohl lebensbedrohliche Sicherheitssituationen für beide von uns
sehr herausfordernd waren, waren sie für meine Frau der allerschwierigs-

te Teil der Aufgabe, einer anderen Kultur das Evangelium zu bringen. Bei jeder Begebenheit verwendete der Herr allerdings diese Situationen dazu, unsere Abhängigkeit von Ihm zu festigen und uns nach und nach auf die Werke vorzubereiten, die Er für unsere Familie vorgesehen hatte.

Unser Team wuchs, die Entwicklungsarbeit ging gut voran und die Gemeindegründungs-Arbeit breitete sich in andere Städte und Dörfer des Landes aus. Auf einer Konferenz, die ich besuchte, sprach der Herr zu mir über die Nöte in einem der größten Staaten Afrikas, in dem es noch immer über hundert unerreichte muslimische Volksgruppen* gab. Ich merkte deutlich, wie der Heilige Geist zu meinem Herzen sprach, wir sollten in dieses Land als unseren nächsten Einsatzort umziehen. Ich teilte das meiner Frau mit und wir begannen, darüber zu beten. Der Herr sagte uns, dass wir nur weggehen sollten, wenn die folgenden drei Dinge vorhanden wären: ein guter Teamleiter, jemand mit einer Vision für die Übernahme der Entwicklungsarbeit und ein Sendungsauftrag für das nächste Land vonseiten der örtlichen MBB*-Gemeinde. Die ersten zwei Kriterien waren schnell erfüllt. Ein begabter Leiter war bereit, das Team zu leiten und auch die Entwicklungsarbeit zu übernehmen. Ich teilte den Plan den einheimischen Ältesten der MBB*-Gemeinde mit. Sie waren alle der Meinung, es wäre zu früh für mich wegzugehen und dass ich noch etwas länger bleiben sollte. Also stimmten wir zu und blieben noch weitere zwei Jahre, während denen ich die meisten meiner örtlichen Verantwortungen abgeben und anfangen konnte, Gemeindegründer auf internationaler Ebene auszubilden.

Eines Abends inhaftierte die Sicherheitspolizei Sheikkh, einen der einheimischen Ältesten der MBB*-Gemeinde. Sie kamen zuerst in Uniform zu seinem Haus. Als seine Frau ihnen sagte, dass er Malaria hätte, gingen sie weg. Eine Stunde später kamen sie in Zivilkleidung zurück und brachten ihn ins Gefängnis, obwohl er sehr krank und schwach war. Als er freigelassen wurde, rief Sheikkh mich sofort an und wollte mich an einem geheimen Ort treffen. Die Sicherheitsorgane wüssten alles, teilte er mir mit. Sie wussten, dass ich ihn und andere zum Herrn geführt hatte und sie machten den Eindruck, dass sie vorhatten, etwas zu unternehmen. Er sagte mir, er sei überzeugt, die Zeit für mich und meine Familie in diesem Land sei zu Ende und wir sollten an den nächsten Einsatzort weiterziehen. Sheikkh sagte, wenn wir jetzt gingen, könnten wir immer für kurze Besuche zurückkommen, aber wenn wir ausgewiesen würden, könnten wir vielleicht nie wieder kommen. Es schien, als würde der Herr mit dieser Sicherheitssituation das dritte Kriterium, von der örtlichen Gemeinde an den nächsten Ort entsendet zu werden, erfüllen.

Es fiel uns nicht leicht, den Ort und die Menschen zu verlassen, die wir so sehr liebten. Jahre zuvor hatten wir unser Heimatland mit dem festen Entschluss verlassen, in diesem Land unser ganzes Leben zu bleiben, wenn es für die Gemeinde, die wir dort gründeten, notwendig war. Wir preisen den Herrn für Sein Wirken unter diesem Volk. Trotz der vielen Schwierigkeiten, mit der die neu gegründete Gemeinde in den Jahren nach unserer Ausreise konfrontiert war, geht die Gemeindegründungs-Arbeit weiter. Gott erinnerte uns daran, dass es letzten Endes Seine Arbeit ist und dass Er sie durch verschiedene Menschen während vieler verschiedener Zeiträume ausführt.

Kapitel 7

Ein neues Land

W ir kamen am neuen Ort an und fühlten uns überwältigt von der großen Not, alle diese kostbaren, unerreichten muslimischen Völker mit dem Evangelium zu erreichen. In unserem vorherigen Land lag der Schwerpunkt unserer Arbeit auf einer Volksgruppe*. Im neuen Land sahen wir uns mit der Herausforderung von über hundert Stämmen, die Jesus brauchten, konfrontiert. Wir fanden allerdings auch eine starke, in diese Kultur eingebettete Gemeinde vor. Sie hätte mobilisiert werden können um hinauszugehen und die Gute Nachricht den Muslimen* zu bezeugen. Dazu mussten die Christen allerdings erst bereit werden, Jahrzehnte der Schmerzen, der Verfolgung und des Leids zu überwinden und zu vergeben, was ihnen vonseiten genau jenes Volkes widerfahren war, das Jesu Liebe am meisten brauchte. Mit der Zeit wirkte der Heilige Geist in den Herzen einiger wichtiger Leiter in der Gemeinde und ließ den Wunsch in ihnen entstehen, zu den Muslimen* hinauszugehen.

Zwei Jahre bevor ich ankam, teilte ein in seiner Konfession sehr einflussreicher Mann seiner Gemeinde mit, dass er die Vision habe, hinauszugehen, um Muslime* zu erreichen. Sein Antrag wurde von den anderen Ältesten abgelehnt. Als ich ins Land kam und diesem Mann mein Anliegen mitteilte, erzählte er mir seinerseits von seiner Vision, die er vom Herrn bekommen hatte, und dass er hinsichtlich dieser Sicht etwas unternehmen wolle. Er organisierte eine einmonatige Schulung über Evangelisation unter Muslimen*, Kontextualisierung* der Botschaft des Evangeliums für sie und die Gründung von Hausgemeinden*. Der Herr berührte während der Schulung die Herzen von Vielen und die ersten 20 Gemeindegründer wurden, mit dem Segen der gesamten Leitung, zu unerreichten Volksstämmen entsandt. Wir hielten weitere Schulungen ab und mehr als 80 Leute wurden ausgesandt – oder kehrten zumindest in ihre eigenen Städte, von denen aus sie zur Schulung gekommen waren, zurück. Wir hatten gerade miterlebt, wie die ersten Hausgemeinden* aufgrund dieses Trainings entstanden waren, als ein Krieg ausbrach und viele Leute, unter ihnen auch einige Gemeindegründer selbst, in Flüchtlingslager fliehen mussten. Es hatte den Anschein, als hätte der Feind vieles von dem zerstört, was begonnen hatte. Doch der Krieg bewirkte in Wirklichkeit eine Offenheit unter einigen unerreichten muslimischen Stämmen, die zuvor für das Evangelium verschlossen waren. Diese muslimischen Stämme wurden von der arabischen muslimischen Regierung aufgrund ihres ethnischen Hintergrundes angegriffen und die Folge war, dass sie vom Islam* enttäuscht waren. Ein Stamm von 15 000 Leuten kam geschlossen zu christlichen Leitern und erklärte ihnen, dass sie gerne mehr über Jesus wissen wollten. Tatsächlich wussten diese Menschen nicht, was es bedeutet, Jesus nachzufolgen, aber ihre Offenheit war größer als je zuvor. Wir werden erst im Himmel erfahren, wie viele Menschen aufgrund der Verfolgung, die ihnen widerfuhr, ins Reich Gottes eintraten. Ich freute mich sehr miterleben zu dürfen, wie einheimische Christen zu ihren unmittelbaren Nachbarn gingen, um ihnen die Gute Nachricht zu bezeugen.

Während wir einheimische Christen darin schulten, Muslime* zu erreichen, eröffneten einige gleichgesinnte Kollegen und ich eine Bildungseinrichtung*, um anderen ausländischen Arbeitern* wie mir die Möglichkeit zu geben, den Menschen durch Englischunterricht zu dienen. Unser Ziel war es, zehn Zentren dieses Institutes in den am wenigsten erreichten Städten unseres Landes einzurichten. Nach zwei Jahren hatten wir endlich die Formalitäten erledigt und eröffneten unsere ersten drei Zentren. Es war faszinierend mitzuerleben, wie jeden Tag hunderte Studenten kamen, um Englisch zu lernen. Wir hatten einen Raum, wo die Leute nach dem Unterricht sitzen, Tee trinken und ihr Englisch üben konnten. Das Gespräch kam oft auf geistliche Themen und der Herr nutzte diese Gelegenheiten, so dass vielen Leuten das Evangelium bezeugt wurde. In einem der Institute kamen ziemlich viele Menschen ins Reich Gottes. In den anderen beiden streuten wir den Samen aus, in der Erwartung, in Zukunft sichtbare Frucht zu erleben.

Nebenbei bemerkt, ich bin viel in der Welt umhergereist und es scheint mir, dass Bildungseinrichtungen* ein großartiger Türöffner sind, um mit vielen Leuten in Kontakt zu kommen und sie zu segnen, während wir ihnen Englisch beibringen und mit ihnen über Jesus reden. Ich würde diese Geschäftsidee vielen Menschen überall auf der Welt empfehlen. Es scheint, dass viele Menschen aus unerreichten Stämmen den Wunsch haben, Englisch zu lernen. Dies eröffnet ihnen die Gelegenheit, eine Arbeit bei internationalen Organisationen zu bekommen und schafft in der ganzen englischsprachigen Welt weitere Gelegenheiten.

Fünf Teamleiter standen bereit, weitere Bildungseinrichtungen* in unserem Land zu eröffnen, als die Regierung ihre Politik im Umgang mit christlichen Arbeitern* änderte. Viele ähnlich ausgerichtete Einrichtungen wurden geschlossen, darunter auch unsere und über 200 Personen mussten Ende 2012 und Anfang 2013 das Land verlassen.

Kapitel 8

Erste Festnahme

Die Geschichte mit meiner Inhaftierung und Entlassung beginnt eigentlich Ende 2010. Deshalb muss ich etwas weiter ausholen und einige Ereignisse erklären, die dazu geführt haben. Ein Teil meiner Arbeit ist es, Gruppenleiter innerhalb unserer Organisation zu betreuen. Dazu muss ich jedes Jahr mehrere internationale „Coaching-Reisen" unternehmen, um sie zu treffen und ihnen in der Gemeindegründungs-Arbeit, die sie leisten, zur Seite zu stehen. Ende 2010 nahm ich meinen Sohn Ezechiel mit auf eine Coaching-Reise. Ich wollte ihm zeigen, was ich auf diesen Reisen mache. Wir hatten wirklich eine tolle gemeinsame Zeit und mein Sohn war ein Segen für die Kinder in den Familien, die wir besuchten. Es zeigte Ezechiel auch einen anderen Aspekt des Missionarslebens, was förderlich war, nachdem er jetzt den Traum hat, das Evangelium per Pferd oder Kamel zu einem der am wenigsten erreichten Stämme der Erde zu bringen. Es war für uns beide eine ganz besondere Reise.

Wir kamen um drei Uhr morgens, erschöpft von der langen Reise, an. Von unserem ursprünglichen Flug wurden wir gestrichen, weil ein westafrikanischer Präsident das ganze Flugzeug für sich beansprucht hatte. Alle Passagiere wurden bis zum neuen Flug am nächsten Tag in einem Hotel untergebracht. Obwohl es Spaß machte, einen Überraschungsurlaubstag zu bekommen, kamen wir einen Tag später zurück als geplant. Als wir unser Gepäck entgegennahmen, waren wir bereit für zuhause. Aber ein Mann lief uns nach und rief: „Sind Sie Daniel?" Er bat uns, ihm zu folgen und wir wurden in ein Sicherheitsbüro geführt. Als wir dort ankamen, begannen sie uns komische Fragen zu stellen, wie: „Woher stammen Sie? Woher sind Sie gekommen? Wann haben Sie zuletzt das Land verlassen? Wie viele Jahre haben Sie in diesem Land gelebt? Warum sind Sie hier? Was sind Ihre Tätigkeiten hier?" usw. Ich wusste, sie hatten bereits alle Antworten auf ihre Fragen. Mehr als eine Stunde später entließen sie uns, behielten aber unsere Reisepässe und baten mich, am nächsten Tag zurückzukommen. Ich fragte höflich, ob ich auch drei Tage später kommen könnte. Es war der 23. Dezember und ich wollte nicht Weihnachten in Sicherheitsbüros verbringen. Sie akzeptierten das und forderten mich auf, am 26. Dezember zurückzukommen. Wir hielten die Befragung für eine Routinesache und waren in keiner Weise besorgt.

Am Morgen des 26., während meiner gewohnten Zeit mit dem Herrn, hörte ich eine Stimme in meinem Herzen, die sagte: „Daniel, heute werden sie dich auffordern, mit deiner Familie das Land zu verlassen, aber du sollst ihren Worten nicht folgen. Du sollst bleiben." Als ich diesen Gedanken im Herzen hatte, war ich nicht sicher, ob es der Heilige Geist oder nur meine Vorstellung war. Aber der Eindruck war stark genug, dass ich ihn im Gebet ernst nahm. Ich dachte, dass ich das Land nicht verlassen sollte, wenn sie mir nicht einen rechtmäßigen Grund dafür angeben würden. Ich beschloss, Ezechiel mitzunehmen, da er auch dabei gewesen war, als wir am Flughafen angekommen waren und sie hatten ja die Reisepässe von uns beiden konfisziert.

Als wir am Flughafen ankamen, wurden wir in ein besonderes Büro geführt, wo ich den „Big Man" traf. Der stellte mir wieder die gleichen Fragen, die mir wenige Tage zuvor bereits gestellt worden waren. Wir antworteten in derselben Weise wie zuvor. Wir versuchten höflich zu sein. Aber ich erlaubte mir auch, mit meinem Tonfall auszudrücken, dass wir nicht erfreut darüber waren, wie sie uns behandelten. Am Schluss machte er mir klar, dass meine Familie und ich sieben Tage Zeit hätten, das Land zu verlassen und dass wir nicht zurückkommen sollten. Jetzt war ich mir sicher, dass der Heilige Geist an diesem Morgen zu mir gesprochen hatte und ich war auf diese Situation vorbereitet. Ich fragte den Mann höflich, was ich falsch gemacht habe, dass man mich aufforderte, das Land zu verlassen. Er meinte, dass er den Grund nicht wisse. Er wäre nur der Überbringer der Botschaft der „hohen" Leute. Ich fragte ihn: „Darf ich mit diesen hohen Herrschaften sprechen? Ich würde gerne wissen, warum ich das Land, welches ich und meine Familie so sehr lieben, verlassen muss. Ich habe zwei Unternehmen mit anderen Partnern aufgebaut und kann das Land nicht einfach ohne klaren Grund innerhalb von sieben Tagen verlassen." Er erklärte mir daraufhin, dass es unmöglich sei, diese Leute zu treffen und ich solle nach Hause fahren und das Land innerhalb von sieben Tagen verlassen. Ich antwortete freundlich, dass ich jetzt nach Hause fahre, das Land aber nicht verlassen würde, bevor sie mir nicht einen legitimen Grund für eine Ausreise geben würden. Ich sagte ihm auch, dass viele seiner Landsleute in meinem Heimatland lebten und dass man sie nie auf diese Weise auffordern würde, das Land zu verlassen. Er blieb von meinen Argumenten unbeeindruckt und wiederholte die Aufforderung. Ich sagte noch einmal, dass ich nicht ohne berechtigten Grund ausreisen würde. Wir wiederholten die gleichen Aussagen nochmals, aber diesmal fügte ich hinzu, sie würden kommen und mich mit Gewalt zum Flughafen bringen müssen. So trennten wir uns und ich fuhr mit unseren Reisepässen nach Hause.

Als ich nach Hause kam und Sara erzählte, was passiert war, wurde mir bewusst, was ich gemacht hatte. Ich begann, mich und meine Interaktion mit diesen Männern zu hinterfragen. Kam meine Antwort vom Geist oder von meinem Fleisch? Ich suchte Rat bei zwei Freunden, die ich sehr schätzte – einem örtlichen Pastor und einem interkulturellen Mitarbeiter* der seit über 15 Jahren im Land war und ähnliche Bedrohungen und Herausforderungen durchgemacht hatte. Beide waren der Meinung, dass meine Reaktion vom Herrn kam und dass ich das Land nicht verlassen sollte. Ich nahm das als Bestätigung meiner Reaktion und wir beschlossen, zu bleiben. Sara packte unsere Sachen und die Kinder überlegten sich, welche ihrer Sachen sie mitnehmen wollten für den Fall, dass sie uns zur Ausreise zwingen würden.

Nichts geschah bis zum siebten Tag, als plötzlich früh am Morgen ein Polizeiauto genau vor unserer Türe anhielt. Wir erwarteten, dass der Polizist hereinkommen würde, aber niemand kam. Nach einer Stunde hielt ich es nicht länger aus und beschloss, hinauszugehen und ihn zu fragen, was er von uns wolle. Er sagte: „O, entschuldigen Sie vielmals. Ich hoffe, mein Auto hat Sie nicht belästigt. Ich habe nur meine ältere Schwester besucht. Dies war der einzige Parkplatz, den ich finden konnte. Ich hoffe, es hat Sie nicht gestört." Total erleichtert und Gott dankbar, sagte ich: „Wirklich, kein Problem! Sie können Ihr Auto hier lassen solange Sie wollen. Es stört mich überhaupt nicht." Wir priesen Gott dafür, dass nichts danach geschah und wir lebten und arbeiteten weiter wie bisher.

Kapitel 9

Zweite Festnahme

Ich bezeugte das Evangelium weiterhin so oft wie möglich. Ungefähr drei Monate später begegnete ich Abdul, als ich außerhalb eines Reisebüros auf mein Ticket wartete. Wir tranken gemeinsam Tee und unterhielten uns. Er schien für das Evangelium offen zu sein und wir vereinbarten, uns später zu treffen, um unser Gespräch fortzuführen. Wir begannen, zusammen in der Bibel zu lesen und er sagte mir, dass er an Jesus glauben wolle. Nach ein paar weiteren Treffen rief er mich an und fragte, ob er für seine Freunde noch einige Bibeln haben könne. Obwohl ich nicht sehr begeistert war, dass er diese Frage am Telefon stellte, war ich einverstanden, ihn zu treffen.

Fünf Minuten nachdem Abdul bei mir zuhause angekommen war, traf auch die Sicherheitspolizei ein und nahm uns beide fest. Sechs Männer kamen in einem Lieferwagen und vier von ihnen trugen Waffen. Sie drangen in unser Haus ein und zwangen uns beide, uns auf den Boden zu setzen, sodass ich niemanden über meine Festnahme informieren konnte. Sara und die Kinder waren in der Küche mit Hausaufgaben beschäftigt. Preis dem Herrn, dass ich gewöhnlich im Haus keine Schuhe trug. Sie erlaubten mir, meine Schuhe zu holen. Dies gab mir die Gelegenheit, meine Frau in unserer Muttersprache von der Festnahme in Kenntnis zu setzen. Sie dachte, ich machte einen Witz aber ich forderte sie auf zu kommen, um es mit eigenen Augen zu sehen. Abdul und ich wurden beide ins Sicherheitsbüro gebracht und dann sofort voneinander getrennt. Ich habe nie erfahren, ob Abdul wirklich den Herrn suchte oder ob er ein verdeckter Mitarbeiter der Sicherheitspolizei war.

Ich wurde zum gleichen Mann gebracht, der mich einige Monate zuvor am Flughafen verhört hatte. Er begann, mir dieselben Fragen wie damals zu stellen. Ich fragte ihn, ob ich meine Frau anrufen dürfe um ihr zu sagen, dass es mir gut gehe und wo ich sei. Ich wollte sicherstellen, dass sie wusste, dass ich von der Sicherheitspolizei und nicht von einer fundamentalistischen Gruppe festgenommen worden war. Anfangs weigerte er sich, mich mit Sara telefonieren zu lassen. Ich fragte ungefähr zwanzig Mal, bevor er endlich zustimmte und mir erlaubte, sie anzurufen und ihr zu sagen, dass wir in einer halben Stunde bei unserer Wohnung vorbeikommen würden. Ich wusste, einige Leute würden in unserer Wohnung sein, weil wir ursprünglich Freunde zum Essen eingeladen hatten. Ich bat Sara, alle aufzufordern zu gehen.

Später erfuhr ich, dass zwei unserer engsten Freunde, Jack und seine Frau Janice, zu uns gekommen waren um Sara zu unterstützen, als sie hörten, was geschehen war. Alle unsere Gäste gingen sofort nachdem Sara sie dazu aufgefordert hatte, aber Jack und Janice spürten, dass der Herr ihnen befahl zu bleiben, um meiner Frau und den Kindern beizustehen. Der Herr hatte sie bereits für einen zukünftigen Dienst in ein anderes Land berufen. Deshalb dachten sie, ihre Anwesenheit in unserer Wohnung würde sie nicht in Gefahr bringen, auch wenn sie dadurch etwas früher ausreisen müssten als geplant. Sie gehörten nicht einmal derselben Organisation an wie wir. Während der letzten fünf Jahre hatten wir eine tiefe Freundschaft entwickelt. Wir hatten zusammen gearbeitet und dieselbe Vision, Jesus in diesem Land verherrlicht zu sehen, geteilt. Ich war sehr stolz auf sie.

Wir kamen bei unserer Wohnung an und sie begannen mit der Durchsuchung. Währenddessen spielten mein Freund und seine Frau mit unseren Kindern, was ein großer Segen war. Obwohl sie erkannten was vor sich ging, schienen sie ruhig zu sein und den Frieden Gottes zu haben. Die Männer nahmen zwanzig Bibeln auf Arabisch und zehn auf Englisch und einige in unserer Muttersprache mit. Sie nahmen weitere Bücher, auch die Bilderbibeln unserer Kinder an sich. Zudem wollten sie die Laptops von Sara und mir mitnehmen, um sie durchsuchen zu können. Zusammen mit allen Büchern legten sie sie auf den Tisch. Obwohl unsere Computer Passwörter verlangten, war mir klar, dass sie mich zwingen konnten, ihnen diese mitzuteilen. Ich wollte aber nicht, dass sie an die Informationen auf unseren Computern herankamen. Schnell sagte ich zu Sara, dass wir unsere Laptops gegen die der Kinder tauschen sollten. Ich bat die Männer, unsere Computer in eine Tasche stecken zu dürfen, damit sie nicht durch Staub und Schmutz kaputt gehen würden. Dies gab Jack die nötige Zeit, um die Laptops erfolgreich zu tauschen. Als sie mit ihrer Untersuchung fertig waren, brachten sie mich in das Sicherheitsbüro zurück. Ich wurde weiter verhört.

Ungefähr um ein Uhr morgens brachten sie mich nach Hause. Sie machten mir klar, dass sie mich um acht Uhr am nächsten Morgen abholen und zum Sicherheitsbüro zurückbringen würden. Es war Gnade von Gott, dass ich diese Nacht zu Hause verbringen konnte.

Am nächsten Morgen brachten sie mich, wie versprochen, ins Büro und begannen wieder mit derselben Art der Befragung. Dieses Mal war der Mann, der mich verhörte, eindeutig dämonisiert. Er war sehr zornig auf mich und schrie, ich sei ein Lügner und solle die Wahrheit sagen. Ich begann, in Zungen zu sprechen und gegen die bösen Geister in diesem Mann zu beten, während er mich weiterhin beschuldigte, ein Lügner zu sein. Nach ungefähr fünf Minuten war die Macht des Bösen gebrochen. Seine Augen veränderten sich und er fing an, sich wie ein Mensch zu benehmen. Er stellte mir weiterhin Fragen, aber ich spürte, dass die böse Macht gebrochen war, weil er sich normal verhielt und meine Antworten akzeptierte. Als sie bezüglich meiner regelmäßigen Reisen fragten, erklärte ich, dass ich ein Geschäftsmann sei und als internationaler Berater viel reisen müsse. Ich erzählte ihnen auch, dass ich Jesus liebe und dass Er die allerwichtigste Person in meinem Leben ist, weil er meine Sünden vergeben und mir ein neues Leben geschenkt hat. Ein Beamter niedrigeren Ranges fragte mich, ob ich ein „Machinery" (Maschinerie) sei. Ich verstand wirklich nicht und fragte ihn, was er meinte. Er sagte dann, er dachte, ich sei ein Mann, der mit Menschen über Gott redete, weshalb ich ein „Machinery" sei. Ich erkannte, dass er „Missionary" (Missionar*) meinte. Ich erklärte ihm, jeder echte Gläubige, egal ob Christ oder Moslem*, sollte Zeugnis von seinem Glauben ablegen können. Wenn es das war, was er meinte, ja dann war ich ein Missionar*.

Sieben Tage lang musste ich täglich zum Sicherheitsbüro fahren. Meistens ließen sie mich allein in einem Raum sitzen. Sie schauten die Computer an, untersuchten die Bücher und befragten wahrscheinlich unsere Nachbarn. Nach diesem Zeitraum von sieben Tagen sagte mir der Hauptsicherheitsbeamte, dass ich jetzt endgültig nach Hause gehen könne, aber dass er mich zuerst in ein anderes Büro bringen müsse, um meinen Reisepass zu registrieren. Als ich dort ankam, wurde mir schnell klar, dass sie mich jetzt offiziell verhafteten. Sie nahmen meine Uhr, meine Tasche, Telefon und Gürtel und brachten mich in einen Raum, ohne mir zu erlauben irgendjemanden zu informieren. Ich hatte Angst, sie würden mich ins Gefängnis stecken, ohne dass ich die Gelegenheit hatte, meiner Frau zu sagen, wo ich war. Nach einigen Minuten holte mich der leitende Beamte in sein Büro und begann, mich zu verhören. Er stellte mir dieselbe Art Fragen, aber er konzentrierte sich mehr auf meinen Glauben und meine religiösen Aktivitäten. Ich sagte ihm, dass ich ein Geschäftsmann sei, der Jesus liebt und dass ich die Wahrheit über Jesus jedem Menschen mitteilen würde, der sie hören wolle. Er erwiderte, dass wir hier in einem islamischen Land wären, nicht in Europa. Jesus wohne in meinem Herzen und ich würde mit jedem über Ihn sprechen, der es wissen wollte, egal ob in Europa oder in Afrika, machte ich ihm klar. Weiter erklärte ich ihm, dass viele Einheimische* mit mir über den Islam*, Mohammed und den Koran* sprechen würden. Warum sollte ich nicht über Jesus reden dürfen? Sogar der Koran* würde bestätigen, dass es für jeden Muslim gut sei, die Worte Jesu zu kennen und das Injil (Neues Testament) zu lesen. Während unseres Gesprächs konnte ich ihm die Gute Nachricht bezeugen. Er hielt alles auf einem Blatt Papier fest und forderte mich dann auf, es zu unterschreiben. Ich bat ihn zu lesen, was er geschrieben hatte, bevor ich das Papier unterschrieb. Er begann, mit lauter Stimme zu lesen, was es bedeutete, ein Glaubender zu werden. Er hatte auch aufgeschrieben, dass ich Bibeln auf dem Marktplatz verteilt hätte, was nicht stimmte. Ich sagte ihm, dass ich jedem eine Bibel geben würde, der eine haben wollte, aber ich hatte nicht gesagt, dass ich Bibeln auf dem Marktplatz verteilt hätte. Also zerriss der Beamte das Papier und schrieb das ganze Zeugnis noch einmal, ohne den Teil über die Bibelverteilung. Ich unterzeichnete das Papier und wurde in den Raum zurückgebracht. Ich wusste nicht, was als nächstes geschehen würde.

Später fragten sie mich, ob ich zwei einheimische Freunde habe, die Bürgen für mich sein könnten. Ich bat Jack, der Sara und die Kinder unterstützt hatte, als die Sicherheitspolizei das erste Mal zu unserer Wohnung gekommen war, mir dabei zu helfen, diese zwei Leute zu finden. Zwei seiner engen Freunde, die den Herrn wirklich liebten, meinten aufrichtig, es wäre eine große Freude für sie, Bürgschaft für mich zu übernehmen, da wir in Christus alle eine Familie seien. Ich war sehr stolz darüber, wie sie Jesu Liebe bezeugten, indem sie mir zur Seite standen, obwohl ich von einem anderen Kontinent kam. Als sie die Bürgschaft für mich unterzeichneten, wurde ich noch am gleichen Tag entlassen. Die Reisepässe meiner ganzen Familie jedoch behielten sie. Nach einigen Wochen und einigen weiteren

Sicherheitsbesuchen erhielten wir die Reisepässe unserer Kinder und meiner Frau zurück. Meinen aber behielten sie, sodass ich nicht die Möglichkeit hatte, das Land zu verlassen. Das zog sich so über mehrere Wochen hin. Wir fanden einen Rechtsanwalt. Ich ging zurück zur Polizeistation, um nach meinem Reisepass zu fragen. Ich wollte für eine kurze Zeit in mein Heimatland reisen, um den 75. Geburtstag meines Vaters zu feiern. Nach viel Gebet und mehreren weiteren Terminen, stimmten sie zu, mich zur Geburtstagsfeier meines Vaters reisen zu lassen. Sollte ich aber nicht innerhalb eines Monats zurückkehren, würden die zwei Bürgen verhaftet werden. Ich versprach, dass ich zurückkommen würde, da mein Unternehmen dort war, meine Kinder dort zur Schule gingen und wir das Land liebten.

Es war nicht leicht, ihre Denkweise zu verstehen. Zuerst wollten sie mich aus dem Land ausweisen und jetzt wollten sie sichergehen, dass ich zurückkommen würde. Nun, wir kamen zurück und wir wohnten dort über ein Jahr ohne weitere Vorkommnisse. Der Rechtsanwalt sagte, dass sie ein Jahr Zeit hätten, mich vor Gericht zu bringen. Nach einem Jahr jedoch würde der ganze Fall als abgeschlossen betrachtet werden. Sie sagten, sie würden mich vor Gericht stellen und verurteilen, aber das taten sie nie. Wir waren hoch erfreut am Jahrestag, nachdem nichts geschehen war. Unsere Visa wurden erneuert und wir machten mit unserer Arbeit normal weiter. Wir freuten uns über das Wachstum unseres Unternehmens und immer mehr Leute interessierten sich dafür, sich unserem Unternehmen anzuschließen. Wir erlebten auch, dass mehr Leute in das Reich Gottes kamen.

Kapitel 10

Gefängnis

Achtzehn Monate nach meiner ersten Begegnung mit der Sicherheitspolizei, erschien sie in unserem Englischzentrum*, um mir Fragen zu stellen. Das war nicht besorgniserregend, da die örtliche Sicherheitspolizei immer mal wieder vorbei kam, um unsere Arbeit zu überprüfen. Aber es war etwas eigenartig, dass sie in Zivilkleidung und nach 17 Uhr, als unser Büro geschlossen war, kamen. Es würde nur 30 Minuten dauern und zum Abendessen sei ich wieder zurück, versicherten sie mir. Sie brachten mich dann in ein Büro, wo mir merkwürdige Fragen gestellt wurden über meine Anwesenheit im Land und meine anderen Tätigkeiten. An diesem Punkt erkannte ich, dass es sich nicht um einen Routinebesuch der Sicherheitspolizei handelte. An diesem Abend kam der oberste Sicherheitsbeamte zum Büro und wollte den Bericht lesen. Ein Stromausfall verhinderte dies, deshalb musste ich die Nacht über dort bleiben. Am nächsten Morgen las der Mann den Bericht und stellte weitere Fragen. Während ich noch ein paar Stunden wartete und damit rechnete, entlassen zu werden, holten sie sich bei Gericht einen Durchsuchungsbefehl für unser Büro. Ungefähr 20 Sicherheitsbeamte und ich fuhren zurück zum Büro und sie begannen mit ihrer Durchsuchung. Zwei unserer einheimischen Arbeitnehmer und einer unserer ausländischen Mitarbeiter waren dort, als wir ankamen. Sie durchsuchten alles, auch die Computer, fanden aber nichts von Interesse.

Unzufrieden mit den Ergebnissen dieser Durchsuchung forderten sie mich auf, auch die Türe zur Wohnung neben dem Büro zu öffnen. Weil es die private Wohnung eines Niederlassungsleiters war, die er und seine Familie nutzten, wenn sie in die Hauptstadt kamen, hatte ich keinen Schlüssel. Ich versuchte ihnen klar zu machen, dass deren Putzfrau einen Schlüssel habe und wir ihn in weniger als einer halben Stunde bekommen könnten. Sie glaubten mir nicht und wurden sehr zornig. Sie begannen, die Türe aufzubrechen. Sie brauchten beinahe eine halbe Stunde, um die Türe zu öffnen, denn sie hatte mehrere Schlösser. Als sie es schließlich geschafft hatten, begannen sie, die Wohnung zu durchsuchen. Sie fanden ungefähr 130 MP3-Geräte, die das Wort Gottes in fünf Minderheiten-Sprachen von unerreichten Stämmen des Landes enthielten. Jetzt schienen sie mit dem Ergebnis ihrer Durchsuchung zufrieden zu sein. Während sie alle MP3-Geräte einpackten, konnte ich das Mobiltelefon eines Büro-Mitarbeiters benutzen. Ich rief meine Frau von der Toilette aus an, um sie zu warnen, dass wir wahrscheinlich zum Bildungszentrum und zu unserer Wohnung kommen würden. Das verschaffte ihr etwa eine Stunde Zeit, um unsere Wohnung auf eine Durchsuchung vorzubereiten.

Wir verließen das Gebäude mit dem Büro und der Wohnung des Niederlassungsleiters und fuhren zum Bildungszentrum und zu meiner Wohnung, die beide im gleichen Haus untergebracht waren. Sie durchsuchten das Zentrum und auch flüchtig unsere Wohnung, schienen aber nichts zu finden. Sie waren mit den MP3-Geräten zufrieden.

Ich bat den Beamten um Erlaubnis, nach Hause zu gehen und meine Zähne zu putzen, weil mir das seit mehr als 24 Stunden nicht möglich gewesen war. Nachdem ich mehrere Male gefragt hatte, ging er mit mir zu unserer Wohnung, wo mir ein paar Minuten mit meiner Frau blieben. Ich putzte meine Zähne und meine Frau richtete eine Tasche mit meiner Bibel, Zahnpasta und -bürste. Ich gab ihr einen kurzen Überblick über alles, was passiert war. Wir wussten beide, dass es ernst sein konnte. Als sie nach meinem Computer fragten, gab ich ihnen den Computer meines Sohnes, so wie schon einmal. Dann verließen wir mein Zuhause. Damals wusste ich es noch nicht, aber es war das letzte Mal, dass ich dort war.

Sie brachten mich in einen anderen Teil der Sicherheitsabteilung. Es war ein großes Gebäude und als wir eintraten, wurde mir bewusst, dass ich offiziell verhaftet wurde. Sie stellten mir ein paar Fragen und nahmen meinen Ring, meine Uhr, meinen Gürtel und alles, außer meiner Zahnpasta und Zahnbürste. Ich versuchte, meine Bibel zu behalten, aber der Beamte wurde sehr zornig und nahm sie weg. Als sie mir meine Brille wegnehmen wollten, tat ich so, als könnte ich ohne meine Brille überhaupt nichts sehen. So gaben sie sie mir zurück. In einem Auto mit schwarzen Scheiben wurde ich zu einem nächsten Ort gebracht – dem offiziellen Gefängnis. Von nun an wurde ich wie ein richtiger Häftling behandelt. Sie machten einen Bluttest und brachten mich in eine Zelle mit einer dünnen Matratze zum schlafen.

Nachdem ich die letzten zwei Tage nicht viel geschlafen hatte, schlief ich schnell ein. Ich stand unter Schock und begriff nicht wirklich, was geschehen war. Am nächsten Morgen besuchte mich der Wachposten und fragte, ob ich irgendetwas bräuchte. Ich antwortete: „Ja, sicher, ich habe drei Bitten: Ich will wissen, warum ich hier bin, ich will meine Bibel wieder haben und ich will mit meiner Frau sprechen." Der Mann erwiderte: „Brauchen Sie sonst noch etwas?" Ich fühlte mich zu diesem Zeitpunkt recht ermutigt, obwohl ich bezweifelte, dass sie auf meine Bitten eingehen würden.

Als die Wache wegging, begann ich Gott zu bitten, mir die Kraft zu schenken, die ich brauchte, um ein Zeugnis für Ihn zu sein, und dass Er sich um meine Frau und die Kinder kümmern würde. Es war hart, aber zu diesem Zeitpunkt hatte ich noch immer die Hoffnung, dass alles in ein paar Tagen vorüber sein würde. Als ich mich in der Zelle umsah, entdeckte ich Schriften an der Wand. Einer der Texte lautete: „O Gott, dies ist meine dritte Zelle und es sind über fünf Monate vergangen. Bitte hilf mir, hier herauszukommen!" Diese Worte trafen mich wie eine Tonne Ziegelsteine und mir wurde bewusst, dass dies länger dauern könnte als bloß ein paar Tage.

Ich begann zu beten und fragte den Herrn, was ich tun solle. Ich kam zu der Überzeugung, dass der Herr mich aufforderte, zu fasten. Als sie mir das Frühstück brachten, lehnte ich es ab und sagte, dass Gott mich aufgefordert habe, zu fasten. Sie schienen das zu akzeptieren, da fasten tagsüber eine sehr wichtige Praxis in ihrer Religion war. Ich betete weiter und der Herr war mir sehr nahe. Nach Sonnenuntergang brachten sie mir wieder Essen, welches ich ablehnte, weil ich fastete. Der Wächter kehrte mit einem der höheren Gefängnisbeamten zurück und sie fragten mich, warum ich fasten würde. Ich sagte ihnen, dass Gott mir aufgetragen habe, zu fasten. Weiter fragten sie wie lange ich fasten würde und ich gab ihnen zu Antwort: „Solange, wie Gott es verlangt." Nach einem ziemlich langen Gespräch über Glauben, überzeugte ich sie, dass ich nicht in Hungerstreik getreten war. Dann ließen sie mich in Ruhe. Am nächsten Morgen kam ein Wächter und fragte mich, was ich brauchte. Im Wissen, dass meine Bitten wahrscheinlich wiederum abgelehnt würden, gab ich ihm die gleiche Antwort. Einige Stunden später kam ein Arzt, um meinen Blutdruck zu messen. Ich versicherte ihnen erneut, dass es sich nicht um einen Hungerstreik handelte und dass ich nur beten und fasten würde, um Gottes Gegenwart zu suchen.

An diesem Nachmittag öffneten sie meine Zellentür und forderten mich auf, mitzukommen. Mir wurden die Augen verbunden und Handschellen angelegt und mehrere Soldaten begleiteten mich zu einem Auto. Sie brachten mich in ein anderes Sicherheitsbüro, wo mir die immer gleichen Fragen gestellt wurden. Sie fragten mich aus über die Arbeit, meine Kirche und Menschen, die ich kannte. Ich gab ihnen keine neuen Namen. Ich sprach nur über Menschen, die sie ausdrücklich erwähnten und bemühte mich, ihnen keine neuen Informationen zu geben. Eine dieser Personen war der Pastor und eine andere ein enger Freund, den ich in der internationalen Gemeinde kennengelernt hatte. Ich erwähnte diese Beziehungen immer im Zusammenhang mit unserer gemeinsamen internationalen Gemeinde. Als sie aufhörten, mir Fragen zu stellen, fragte ich sie, warum ich dort sei und was ich getan hätte, um dies alles zu verdienen. Aber sie gaben mir keine Antwort. Ich fragte, ob ich dem früher Erwähnten etwas hinzufügen dürfe. Sie erlaubten es mir. Ich sagte: „Ich weiß, Sie denken, dass ich in Politik verwickelt bin, aber Sie irren sich. Sie werden nie einen Beleg dafür finden. Ich bin ein Geschäftsmann und Sie sollten meine Qualifikationen und die Rechtmäßigkeit meines Unternehmens überprüfen. Ich glaube auch an Jesus, weil Er mein Leben verändert hat. Ich spreche mit jedem über Jesus, der wissen möchte, wer Er ist. Er starb für meine Sünden und ich habe mein ganzes Leben Ihm anvertraut." Darauf hatten sie keine Antwort und schickten mich ins Gefängnis zurück.

Ich kam zurück in meine Gefängniszelle und begann wieder, zu beten. Ich fühlte mich sehr schwach und sagte zum Herrn: „O Herr, wie lange wird das dauern? Ich brauche Dich so sehr. Ich weiß nicht, wie ich ohne Dich hier überleben kann!" Der Herr beantwortete mein Gebet mit Frieden in meinem Herzen und ich betete weiter. Oft betete ich stundenlang auf einmal und ich betete auch in Zungen, wenn ich nicht wusste, was ich noch beten könnte.

Der Heilige Geist begann, zu meinem Herzen zu sprechen – es war, als würde Gott sagen, dass er zuließ, dass ich dort war. Ich wusste, der Herr wollte Zeit mit mir verbringen und mit mir sprechen. Ich befand mich in einer sehr arbeitsrechen Phase und es schien, als würde das Leben in Zukunft noch geschäftiger werden. In der Zelle war die ganze Arbeit weg und ich hatte Zeit, auf Gottes Stimme zu hören. Er begann, Sünde in meinem Leben aufzuzeigen, die mir nicht bewusst war. Er zeigte sie mir so deutlich, als sähe ich mich selbst in einem Film. Ich weinte über die Sünde, die der Herr mir zeigte und bat Ihn, mich mit Seinem Blut zu reinigen. Dies war so wertvoll.

Dann begann Er, mit mir über meine Zukunft und unseren Dienst zu sprechen. Ich wollte mir diese kostbaren Worte und Prophezeiungen über mein Leben merken, aber ich hatte weder Stift noch Papier. Also beschloss ich, jeder Aussage oder Prophezeiung einen Buchstaben zuzuordnen. Ich wiederholte die Buchstaben jeden Tag aus dem Gedächtnis und betete sie durch, um sie in meinem Herzen zu behalten. Ich betete über alle diese Dinge Tag für Tag. Am sechsten Tag wurde ich für das nächste Verhör aus meiner Zelle geholt. Dieses Mal durfte ich ohne verbundene Augen durch den Gefängnisbereich gehen. Ich konnte nicht glauben, was ich sah. Menschen waren an ihrem Hals, an Händen und Füßen angekettet. Zwei Männer trugen einen anderen Mann, weil seine Füße gebrochen waren. Ich sah, dass diese Menschen ganz anders behandelt wurden als ich.

Bevor wir das Gefängnis verließen, wurden mir die Augen verbunden und Handschellen angelegt. Man führte mich ins Sicherheitsbüro zurück, wo ich erwartete, weiter verhört zu werden. Dieses Mal entfernten sie die Augenbinden und Handschellen nicht. Als ich Stimmen hörte und Menschen, die sich näherten, dachte ich, sie würden mich foltern. Ich betete: „Herr, bitte hilf mir und mach mich stark in Dir. Ich kann nichts tun und ich fürchte mich ohne Dich, aber mit Dir kann ich es aushalten. Bitte, hilf mir, Dir treu zu sein und in jeder Situation ein Zeugnis für Dich zu sein." Sie begannen, mich zu verhören. Nach einer Weile durfte ich sehen und wurde von den Handschellen befreit. Gefoltert wurde ich nie. Tatsächlich erhielt ich meine Bibel zurück und durfte sie später mit in meine Zelle nehmen.

Kapitel 11

Das Wort

Wir wissen nicht, was wir an diesem wunderbaren Schatz des Wortes Gottes haben, bis er uns genommen wird.

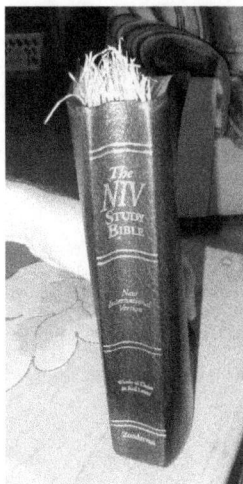

Während der ersten sechs Tage meiner Inhaftierung lernte ich, mich am Herrn zu freuen, wenn ich betete und über Bibelverse nachdachte, die ich auswendig kannte. Es war eine großartige Erfahrung und zeigte mir die Wichtigkeit, Gottes Wort auswendig zu lernen. Ich sang auch viele Lieder, die ich auswendig kannte. Jetzt wo ich eine Bibel hatte, verschlang ich sie wie nie zuvor. Ich las die ganze Bibel mehrere Male durch und wurde belebt, indem ich die Gemeinschaft mit Gott in Seinem Wort genoss. Ich begann, die Geschichten zu verstehen, die ich über Russland und China gelesen hatte, wo die Menschen so hungrig nach Gottes Wort waren, dieses aber nicht leicht bekommen konnten. Wir wissen nicht, was wir an diesem wunderbaren Schatz des Wortes Gottes haben, bis er uns genommen wird.

Ich konnte kaum Schritt halten mit all den Dingen, die Gott mir sagte, und wollte nichts davon vergessen. Ich begann, kleine Fäden aus der Matte in meiner Zelle herauszuziehen und sie als Lesezeichen zu verwenden. Schließlich hatte ich mehr als 120 Fäden in meiner Bibel. Ich schaute sie täglich an, um mich daran zu erinnern, was Gott mir durch die verschiedenen Verse gesagt hatte. Er sprach oft zu mir durch die Psalmen und die Sprüche. Viele Psalmen beginnen mit Klagen, Kämpfen und einer Beschreibung der momentanen Situation des Psalmisten. Danach schreit dieser entweder zum Herrn oder weint und bittet den Herrn, einzugreifen. Fast immer beendet der

Schreiber den Psalm mit Danksagung und Anbetung, indem er die Treue und Größe Gottes in jeder Situation bestätigt.

Höre mich, wenn ich rufe und zu dir um Hilfe schreie, wenn ich meine Hände zum Gebet erhebe. Lobt den Herrn, weil er meinen Hilferuf erhört hat. Der Herr ist meine Stärke und beschützt mich. Ich habe von ganzem Herzen auf ihn vertraut und er hat mir geholfen. Darum freue ich mich und danke ihm mit meinem Lied.
Psalm 28,2.6-7

Unsere Vorfahren haben dir vertraut, und da hast du sie befreit.
Psalm 22,5

Wer mich sieht, macht sich über mich lustig, lacht höhnisch und schüttelt den Kopf.
Psalm 22,8

Entferne dich jetzt nicht von mir, denn die Not ist nah und keiner ist da, der mir hilft.
Aber du, Herr, entferne dich nicht von mir! Du bist meine Stärke, komm mir schnell zu Hilfe!
Psalm 22,12.20

Ich liebe den Herrn, denn er hört, wenn ich rufe.
Weil er ein offenes Ohr für mich hat, will ich zu ihm beten, solange ich lebe!
Der Tod hatte bereits seine Hand nach mir ausgestreckt, die Schrecken des Grabes griffen nach mir. Ich sah keinen Ausweg mehr.
Da rief ich den Namen des Herrn an: „Herr, rette mich!"
Der Herr ist freundlich und gerecht! Barmherzig ist unser Gott!
Der Herr beschützt die Menschen, die hilflos sind. Ich war schwach, doch er hat mich gerettet.
Jetzt kann ich wieder ausruhen, denn der Herr war gut zu mir.
Er hat meine Seele vor dem Tode bewahrt, meine Augen vor den Tränen und meine Füße vor dem Stolpern.
Ich darf in der Nähe des Herrn sein, solange ich lebe!

Ich habe dir geglaubt, deshalb habe ich gebetet: „Ich bin verzweifelt, Herr.“
In meiner Angst schrie ich zu dir: „Diese Menschen sind alle Lügner!“
Was kann ich dem Herrn geben für alles, was er für mich getan hat?
Ich will als Zeichen für meine Rettung den Becher erheben und den Namen des Herrn anrufen.
Ich will die Versprechen, die ich vor dem Herrn ablegte, vor den Augen des ganzen Volkes erfüllen.
Dem Herrn sind die Menschen kostbar, die er liebt; es betrübt ihn, wenn sie sterben.
Psalm 116,1-15

Einmal, als ich in der Apostelgeschichte las, bewegte mich die Geschichte von Paulus und Silas im Gefängnis. Während sie anbeteten, öffnete Gott die Gefängnistüre und sie waren frei. Ich sagte zum Herrn: „Ich weiß, Du bist derselbe Gott und Du kannst für mich genau das gleiche tun, was Du für Paulus und Silas getan hast. Was wäre das für ein großartiges Zeugnis, wenn ich morgen auf den Straßen unserer Stadt spazieren könnte. Die gesamte Sicherheitspolizei würde wissen, Jesus ist die Wahrheit und Er ist der Eine, der mich aus dem Gefängnis befreite. Und gleichzeitig wäre ich frei und könnte mit meiner Familie zusammensein.“ Mein Herzenswunsch war die Verherrlichung Gottes, aber meine Bitte war auch egoistisch geprägt, da ich frei sein wollte.

Ich fing an, davon zu träumen, wie schön es wäre, meine Frau und meine Kinder zu umarmen und sie damit zu überraschen, dass ich an die Türe klopfte und bezeugte, dass Jesus mich befreit hatte. Ich betete darüber lange Zeit und bat den Herrn, dass Sein Wille geschehe. Einerseits hatte ich Glauben, dass Jesus das tun konnte. Andererseits wusste ich auch, dass viele Gläubige Ihm vom Gefängnis aus Ehre brachten.

Jesus konnte sowohl durch Zeichen und Wunder als auch durch Leiden in Seinem Namen verherrlicht werden.

Einen Monat bevor ich ins Gefängnis gesteckt wurde, hatte ich über Hebräer 11 und 12 gepredigt und jetzt erinnerte ich mich an meine eigenen

Worte. Jesus wurde verherrlicht durch all die Zeichen und Wunder, die der Heilige Geist durch seine Diener wirkte. Jesus wurde auch durch all jene verherrlicht, die im Gefängnis waren, alle die gefoltert wurden und all jene, die ihr Leben für ihn hingaben. Meine Hauptbotschaft war, dass Jesus sowohl durch Zeichen und Wunder als auch durch Leiden um Seines Namens willen verherrlicht werden konnte. Ich beschloss in meinem Herzen, auf den Einen zu hoffen, der mich auf wundersame Weise befreien konnte, und im Gefängnis zu bleiben zur Ehre Seines Namens. In dieser Nacht zeigte Gott Anerkennung für meinen Entschluss.

Mitten in der Nacht wurde ich durch einen großen Lärm aufgeweckt. Ich schaute sofort zur Gefängnistüre um zu sehen, ob sie offen war, aber die Tür war noch immer geschlossen und versperrt. Ich dachte, ich hätte geträumt und schlief wieder ein. Am Morgen, als ich aufwachte, konnte ich durch einen 15 bis 20 Zentimeter breiten Spalt in der Decke den Himmel sehen und als ich auf die Toilette ging, sah ich, dass mehrere Keramikkacheln auf den Boden gefallen waren. Diese Fliesen hatten wahrscheinlich den Lärm verursacht, den ich in der Nacht gehört hatte. Ich dachte, dass es in der Nacht ein Erdbeben gegeben haben musste, aber die Wachen versicherten mir am nächsten Morgen, dass meine Zelle die einzige war, in der es einen Schaden gab. Sie brachten mich in eine neue Zelle. Obwohl der Spalt nicht groß genug für eine Flucht war, bestätigte der Herr, dass Er bei mir war und goss Glaube, Trost und Mut in mein Herz aus. Er sagte: „Schau, ich kann Gefängnistüren heute genauso öffnen, wie ich es für Paulus und Silas getan habe. Aber ich habe mein Werk mit dir noch nicht vollendet. Ich möchte noch weiter Zeit mit dir verbringen und dich noch mehr Dinge lehren."

Zu dieser Zeit enthielt ich mich noch immer von allem Essen und trank nur Wasser. In physischer Hinsicht war ich stark und konnte die Gegenwart des Herrn genießen. Emotional fühlte ich mich manchmal schwach und weinte vor dem Herrn. Ich bat ihn dann, meine Familie zu beschützen und den Glauben meiner Kinder zu bewahren. Sie waren zu der Zeit dreizehn und elf Jahre alt. Ich wollte weder, dass sie an Gottes Liebe zu uns zweifelten noch dass ihr Glaube erschüttert wurde.

Nachdem ich seit zehn Tagen im Gefängnis war, fand meine Frau heraus, wo ich war und sie konnte Essen und Kleider beim Sicherheitsbüro abgeben. Von nun an erhielt ich alle paar Tage frisches Obst und Gemüse und saubere Kleidung. Ich begann, Obst und Gemüse zu essen und fuhr mit

diesem „Daniel-Fasten" fort, bis ich freigelassen wurde. Obwohl ich ungefähr 15 Kilogramm abnahm, war ich bis zum Schluss physisch sehr kräftig.
In den letzten paar Tagen spürte ich jedoch die Diskushernie. Sie begann,
mir Schmerzen zu bereiten.

Abgesehen von den drei Verhören, dem einen Mal, als ein Wächter mit
mir redete und somit gegen die Regeln verstieß, und meiner letzten Nacht
in einer Gemeinschaftszelle, war ich mit dem Herrn 58 Tage und Nächte allein. Obwohl die Zeit im Gefängnis äußerst schwierig war, erlebte ich eine
innige Beziehung mit dem Herrn wie ich sie bisher nie gekannt hatte. Seine
Gegenwart und seine Stimme waren deutlicher und klarer als je zuvor.

Kapitel 12

Tägliche Routine

Meine Hauptsorge im Gefängnis war, dass diese Situation sich negativ auf den Glauben meiner Kinder auswirken würde. Aber an zweiter Stelle lag meine Angst, Jahre von meiner Familie getrennt in dieser Zelle verbringen zu müssen. Ich betete oft im Hinblick auf diese Ängste. Manchmal erlebte ich Frieden bereits nach wenigen Minuten und manchmal musste ich eine Stunde oder länger beten. Wenn Friede und Freude kamen, wusste ich, der Herr würde mir die Kraft geben, die ich brauchte, um diese Prüfung durchzustehen, selbst wenn sie Jahre dauern würde.

Als ich meine Bibel am sechsten Tag bekam, spürte ich die Notwendigkeit einer täglichen Routine, da es so aussah, als ob ich eine zeitlang dort bleiben würde. Beide Fenster meiner Zelle hatten sechs Balken, die so etwas wie kleine Abteile dazwischen schufen. Ich verwendete die kleinen Zucker- und Salzpackungen von den Wächtern, um die Tage und Wochen zu zählen. In einem Fenster schob ich die Zuckerpäckchen von einem Abteil ins nächste, um die Tage seit meiner Inhaftierung zu zählen. Im anderen Fenster verwendete ich die Salzpäckchen zum Zählen der Wochen. Das half mir, genau zu wissen, wie viele Tage ich im Gefängnis war und die Orientierung über Datum und Wochentag nicht zu verlieren. Mein 45. Geburtstag war am 37. Tag im Gefängnis.

In meiner erste Zelle brannte 24 Stunden am Tag das Licht, was mich sehr irritierte. In der neuen Zelle, in die ich nach dem Erdbeben verlegt wurde, gab es eine Glühbirne, die ich rausdrehen konnte, um einen normalen Tag-Nacht-Rhythmus zu haben. Gewöhnlich ging ich ein paar Stunden nach Sonnenuntergang schlafen und wachte mit dem Sonnenaufgang auf. Ich begann den Tag damit, mein Wasser zu trinken und ein paar Liegestütze zu machen. Am Anfang schaffte ich nur wenige, aber gegen Ende meiner Zeit im Gefängnis schaffte ich 20 oder mehr auf einmal, drei- bis viermal am Tag. Das half mir, meinen Körper fit zu halten. Als nächstes las ich zum

Fenster heraus ungefähr 20 Psalmen laut vor. Das erlaubte mir, das Wort
auch zu hören, anstatt es nur still zu lesen. Obwohl es wahrscheinlich sonst
niemand verstand, war das mein tägliches Frühstück. Danach ging ich ins
Bad und betete den Herrn an. Ich sang dutzende Hymnen, an die ich mich
aus meiner Kindheit erinnerte, und auch einige neuere Lieder. Während
der Anbetungszeit trainierte ich, indem ich von einer Wanne aus Hartplas-
tik, die zum Waschen meiner Kleider dienen sollte, auf- und abstieg. Nach
meinem Training duschte ich und ging in die Zelle zurück, um Bibelverse
zu lernen. Ich lernte acht bis zehn Verse pro Tag. Nach 58 Tagen hatte ich
den ganzen Jakobusbrief und alle Kapitel, außer dem letzten, des Römer-
briefes auswendig gelernt. Jeden Tag wiederholte ich alle Verse, die ich bereits gelernt hatte und fügte neue hinzu. Am Anfang dauerte das nur ein
paar Minuten. Gegen Schluss verbrachte ich jeden Tag ein paar Stunden
mit dem Lernen von Bibelversen. Der Herr machte mir Sein Wort lebendig
und lehrte mich oft über Verse, die ich bis dahin nicht verstanden hatte.
Danach ging ich zurück ins Bad und betete für meine Familie, Eltern, Verwandten, Nachbarn, die Arbeit in unserem Land, meine Mitarbeiter und
für alle meine anderen Beziehungen. Während der Zeit der Fürbitte, trainierte ich wieder auf der Plastikwanne.

    Nach der Fürbitte ging ich in mein Zimmer zurück und las die Bibel
systematisch. Ich genoss die Zeit, in der ich einfach das Wort lesen und darauf hören konnte, was der Heilige Geist zu mir sprach. Als nächstes ging
ich zurück ins Bad, um Fürbitte für alle Länder der Erde einzulegen, im Besonderen für alle muslimischen. Ich spürte wirklich, dass der Heilige Geist
mir eine neue und frische Last schenkte, für sie zu beten und Fürbitte einzulegen. Wieder trainierte ich gleichzeitig in gleicher Weise auf der Wanne.
Gewöhnlich war der Tag um diese Zeit zu Ende und es war dunkel. Ich hatte keine Uhr aber ich glaube, mein Tagesablauf sah ungefähr wie folgt aus:

6.30 Uhr	*Aufwachen mit Sonnenaufgang*
6.40 Uhr	*Gesicht waschen und Wasser trinken (oder später etwas Fruchtsaft, den ich von meiner Frau bekam)*
7.00 Uhr	*20 Psalmen laut lesen und sie durch-, bzw. mit ihnen beten*
9.00 Uhr	*Den Herrn mit Liedern anbeten und Training im Bad*
12.00 Uhr	*Bibelverse lernen*

15.00 Uhr	*Fürbitte für alle meine Freunde und die Familie und Training im Bad*
17.00 Uhr	*Die Bibel systematisch lesen*
19.00 Uhr	*Fürbitte für die Nationen und gleichzeitiges Training im Badezimmer*
21.30 Uhr	*Zu Bett gehen*

Kapitel 13

Besucher

Am 18. Tag wurde ich wieder aus meiner Zelle geholt und ich nahm an, dass mir ein weiteres Verhör bevorstehen würde. Aber statt ins Sicherheitsbüro wurde ich in einen anderen Raum des Gefängnisses geführt. Als sie die Tür öffneten, sah ich meine Frau Sara und meine zwei Kinder mit dem Konsul. Ich war sehr überrascht. Ich drückte meine zwei Kinder an mich und umarmte meine Frau. Wir sprachen ein bisschen und ich genoss es, meine Familie bei mir zu haben. Mein Sohn Ezechiel sagte zu mir: „Vater, ich bin stolz, dass du hier bist. Du bist wegen Jesus hier und ich bin stolz auf dich." Meine Tochter Lea konnte nicht allzu viel sagen, weil sie emotional zu bewegt war. Aber es schien, dass sie auch gut zurecht kam, nur eben mit dem großen Bedürfnis, ihren Vater zu besuchen. Sie trug ihr schönstes Kleid, ein wenig Make-up und ihr Lieblingsparfüm. Es war besonders lieblich, in den nächsten Tagen in der Zelle Leas Parfüm auf meinem Hemd zu riechen. Wir durften ungefähr eine halbe Stunde miteinander verbringen und wir erhielten auch einige Informationen von der Sicherheitspolizei. Sie erklärten uns, dass sie meiner Familie erlauben würden, mich etwa alle 20 Tage zu besuchen. Nach insgesamt 50 Tagen im Gefängnis würden sie mich entweder vor Gericht stellen, mich entlassen oder weitere 50 Tage Untersuchungshaft beantragen. Während der 30-minütigen Besuchszeit durften wir nicht über Themen sprechen, die mit meiner Inhaftierung zu tun hatten und Sara und ich durften nur Englisch sprechen. Sie erlaubten jedoch den Kindern und mir, uns in unserer Muttersprache zu unterhalten. Wir planten deshalb, beim nächsten Besuch unsere Gedanken durch die Kinder auszutauschen – in unserer Muttersprache, die sonst niemand verstand.

Es war toll zu wissen, dass es meiner Frau und den Kindern gut ging und dass der Herr meine Gebete für ihr Wohlergehen und ihren Glauben erhörte. Ich verspürte eine innige Liebe vonseiten Saras und der Kinder für mich. Dies gab mir viel Kraft, durchzuhalten. Obwohl ich sehr glücklich war, meine Familie zu sehen, war es danach viel schwerer, in meine Zelle zurückzukehren und wieder mit der Realität konfrontiert zu sein. Ich weinte einfach, während ich dem Herrn dankte, dass Er mir erlaubt hatte, meine Familie zu sehen. Ich legte Ihm wiederum meinen Wunsch hin, sie öfter zu sehen und wieder mit ihr vereint zu sein. Von meiner Zelle aus konnte ich die Flugzeuge hören, die über mir dahin flogen und manchmal tröstete mich der Gedanke, dass ich eines Tages das Land als freier Mann, gemeinsam mit meiner Familie, verlassen würde.

Einmal, während meiner täglichen Routine bat ich den Herrn, ganz konkret zu mir zu reden. Ich wartete ruhig und bat den Herrn, mir einen Bibelvers zu schenken oder eine Seitenzahl in meiner Bibel. Er schenkte mir Offenbarung 7,14, 2. Chronik 7,1-4 und die Seite 968, auf welcher ich Sprüche 21,21 fand.

> *Und ich sagte zu ihm: „Mein Herr, du weißt es." Da sagte er zu mir: „Das sind diejenigen, die aus der großen Prüfung kommen. Sie haben ihre Kleider im Blut des Lammes gewaschen und weiß gemacht."*
> Offenbarung 7,14

> *Wer gerecht und gnädig handelt, wird Leben, Gerechtigkeit und Anerkennung finden.*
> Sprüche 21,21

> *Als Salomo sein Gebet beendet hatte, fiel Feuer vom Himmel und verzehrte die Brandopfer sowie alle anderen Opfer, und die herrliche Gegenwart des Herrn erfüllte den Tempel. Die Priester konnten das Haus des Herrn nicht betreten, weil die herrliche Gegenwart des Herrn darin war. Als die Israeliten sahen, wie das Feuer vom Himmel fiel und die herrliche Gegenwart des Herrn den Tempel erfüllte, warfen sie sich zu Boden und beteten den Herrn an und lobten ihn: „Seine Güte ist so groß! Seine Gnade bleibt ewig bestehen." Dann brachten der König und das ganze Volk dem Herrn Schlachtopfer.*
> 2. Chronik 7,1-4

Der Geist schenkte mir Klarheit darüber, was die Kombination dieser Verse für diesen Zeitpunkt bedeutete. Zu Beginn meiner Zeit im Gefängnis hatte Er mein Herz gereinigt, indem Er mir Sünde aufgezeigt hatte und jetzt wusste Er, dass ich mit Ihm verbunden sein wollte und begierig war, mit ganzem Herzen nach Gerechtigkeit zu streben. Ich spürte Seinen Wunsch, mich mit Seiner Liebe zu segnen, mich in Seinem Königreich zur Entfaltung zu bringen und Seinen heiligen Namen mehr als je zuvor zu verherrlichen. Der letzte Bibelvers überzeugte mich, dass der Herr mich neu mit der Kraft des Heiligen Geistes füllen wollte und dass ich so erfüllt sein sollte, wie er den Tempel Salomons erfüllt hatte.

„Eid al Kabir", das für Muslime* größte und wichtigste Fest des Jahres, rückte näher und der Herr sagte mir, dass ich an diesem Tag nicht fasten, sondern stattdessen feiern sollte. Ich sollte das Fest nicht wegen seiner religiösen Bedeutung feiern, sondern ich sollte feiern, dass mein Leben neu mit dem Heiligen Geist erfüllt worden war. Ich ließ die Wachen wissen, dass ich an dem Tag nicht fasten würde und sie brachten mir Fleisch von der Festtagsfeier. Ich feierte den Tag in meiner Zelle und genoss das köstliche Fleisch.

Wie üblich ging ich ins Badezimmer, um den Herrn anzubeten, aber diesmal erfüllte der Heilige Geist das Bad mit seiner Gegenwart in einer Weise, die ich nie zuvor in meinem Leben erfahren hatte. Ich spürte die Gegenwart Gottes so deutlich, dass ich anfing zu weinen, zu schreien, zu lachen, anzubeten und den Herrn in Zungen zu preisen. Es war eine so gewaltige Erfahrung, dass ich für Stunden drinnen blieb, einfach um die Gegenwart Gottes in meinem Leben zu genießen. Ich wusste, dass die Wachen draußen mein Singen und Lachen hören mussten, aber es war mir egal. Ich wollte nur Jesus nahe sein und Seine Liebe und Seine Gegenwart erfahren.

In den nächsten Tagen leitete mich der Herr in tiefere Fürbitte und Er begann, mir Weissagungen für die Wachen zu geben. Beim nächsten Mal, als ein Wächter zu meinem Fenster kam um mir Tee zu bringen, hörte ich den Namen Zeinab in meinem Herzen. Ich fragte ihn, ob der Name Zeinab eine Bedeutung für ihn habe. Überrascht sagte er: „Ja, so heißt meine Frau." Ich sagte ihm, dass der Herr zu mir über sie gesprochen habe und dass Er sie gerne mit einem Baby segnen möchte. Jetzt war er wirklich überrascht und sagte: „Sie ist erst einen Monat schwanger und ich bin die einzige Person, die es weiß. Wer hat dir davon erzählt?" Ich sagte ihm, dass Gott es mir offenbart habe und dass ich gerne für ihn beten würde, dass Jesus ihnen die Wahrheit Gottes zeigen und sie segnen würde. Er war sehr gerne bereit, das anzunehmen und ich betete mit ihm, dass der Segen Gottes im Namen Jesu auf ihn, auf seine Frau und ihr Baby komme. Andere Erfahrungen, ähnlich wie diese, ermutigten mich. Ich sah, dass der Herr uns überall brauchen kann, um Jesus zu bezeugen, sogar im Gefängnis.

Als mich meine Familie das zweite Mal besuchte, wusste ich es schon vorher. So konnte ich mein Gesicht rasieren und saubere Kleidung anziehen. Gott hatte mir mehrere Dinge aufs Herz gelegt, die ich meiner Frau mitteilen sollte. Gott schenkte mir ein paar Bibelverse für meine Familie.

Eine tüchtige Frau ist die Freude ihres Mannes und seine Krone.
Sprüche 12,4a

Wie kann ein junger Mensch in seinem Leben rein von Schuld bleiben? Indem er sich an dein Wort hält und es befolgt.
Psalm 119,9

Ich hatte meiner Frau auch ein paar praktische Mitteilungen zu machen. Zum Beispiel bat ich sie, unser Auto zu verkaufen, da die Sicherheitspolizei es sonst stehlen könnte.

Ich wollte meiner Frau zum Ausdruck bringen, wie sehr ich sie liebte und schätzte und ihr zeigen, wie stolz und dankbar ich war. Ich nahm mir vor, ihr einen richtigen Kuss zu geben, auch wenn es für die anwesenden Wachen und Sicherheitsleute peinlich sein würde, weil so etwas in ihrer Kultur nie öffentlich geschah. Aber ich war überzeugt, dass es wichtiger war, meiner Frau meine tiefe Verbundenheit mit ihr zu zeigen, als kulturelle Richtlinien zu befolgen.

Als der Zeitpunkt da war und ich aus meiner Zelle geholt wurde um meine Familie zu treffen, war ich vorbereitet. Als ich sie sah, begrüßte ich meine Frau mit einem echten Kuss und küsste und umarmte meine Kinder. Nachdem wir uns hingesetzt hatten, nahm ich eine ernste Haltung ein und setzte mich aufrecht hin. Auf Englisch sagte ich, so laut, dass die Wachen es hören konnten: „Wenn ich der Grund dafür bin, dass unser Bildungsinstitut geschlossen wird, dann sollen sie mich und meine Familie aus dem Land schicken. Ich bin jetzt bereit, zu gehen." Dann lehnte ich mich in meinem Sessel zurück und begann, die Dinge mitzuteilen, die ich mir für meine Familie vorgenommen hatte. Wir verbrachten Zeit miteinander und die Kinder erzählten mir, was sie in der Schule und zuhause machten. Wir beteten füreinander und segneten einander. Wir beteten auch für die Sicherheitsbeamten in ihrer Gegenwart.

Nach meiner Entlassung erfuhr ich, dass Sara und die Kinder einen ausführlichen Plan geschmiedet hatten, um mir während ihres zweiten Besuchs einige wichtige Fragen stellen zu können. Nachdem die Wachen mir und den Kindern beim letzten Besuch erlaubt hatten, in unserer Muttersprache miteinander zu sprechen, hatte sich Ezechiel vorbereitet, das Reden zu übernehmen. Für den Fall, dass sie Ezechiels Rede stoppen würden, hatte Lea ein Lied mit den Fragen getextet. Als ich die Wachen wissen ließ, dass ich bereit sei, das Land zu verlassen, beantwortete dies genau die Fragen, die Sara und die Kinder mir stellen wollten. Es war der Heilige Geist, der durch mich sprach, um unserer Familie die Planänderung zu bestätigen. Wir versuchten nicht mehr, im Land zu bleiben und waren bereit, zu gehen.

Als die Zeit zu Ende ging, beteten wir miteinander und verabschiedeten uns. Das war ein sehr emotionaler Augenblick, aber wir spürten auch, dass Gott mit uns war.

> **Liebe ist wichtiger als alles andere. Sie überwindet kulturelle Unterschiede, wenn sie aus vollem und reinem Herzen ausgeübt wird.**

Als die Wache mich zu meiner Zelle zurückbrachte, sagte er: „Ich bin noch nicht verheiratet, aber ich hoffe, nächstes Jahr zu heiraten. Es ist so viel Liebe in Ihrer Familie. Ich möchte eines Tages so eine Familie haben." Es war nicht nur der Kuss, den ich meiner Frau gegeben hatte, der diesen Eindruck auf ihn gemacht hatte, es war sicherlich die Art und Weise wie wir redeten und miteinander umgingen. Es schien, als hätte der Kuss Eindruck auf ihn gemacht, während ich das Gegenteil erwartet hatte. Als er mir das sagte, war ich überzeugt, Liebe ist wichtiger als alles andere. Sie überwindet kulturelle Unterschiede, wenn sie aus vollem und reinem Herzen ausgeübt wird. Liebe berührt Menschen jeder Kultur.

Nachdem der Wächter mich wieder in meine Zelle gesperrt hatte, weinte ich eine Zeit lang, weil ich meine Familie so sehr vermisste. Ich war Gott dankbar, dass Er sie alle beschützte.

Vor dem dritten Besuch meiner Familie teilte mir ein freundlicher Sicherheitsbeamter Tag und Zeit ihrer Ankunft mit. Während ich mich auf unsere Begegnung vorbereitete, spürte ich, dass wir unsere Freunde und Gebetsnetzwerke bitten sollten, drei Tage lang für meine Freilassung zu fasten und zu beten. Die Sicherheitsbeamten waren diesmal viel freundlicher zu uns und sie erlaubten uns sogar, in unserer Muttersprache zu sprechen. Wir hofften alle, dass dies ein gutes Zeichen war, aber wir wussten es nicht sicher. Wir beschlossen, an meinem 56. Tag der Haft ein dreitägiges Fasten zu beginnen.

Kapitel 14

Ein Ende und ein Anfang

Am zweiten Tag unseres Fastens kam der Wächter am Morgen zu mir und sagte: „Heute wirst du freigelassen und ausgewiesen." Ich dachte, er mache einen Witz und glaubte ihm nicht wirklich. Er bestand darauf, dass ich meine Sachen packte und mich darauf vorbereitete, zu gehen. Etwas aufgeregt packte ich und wirklich, eine Stunde später öffneten sie die Türe und holten mich aus meiner Zelle. Nach ungefähr 20 Minuten Wartezeit forderten sie mich auf, wieder in meine Zelle zurückzugehen, weil das Auto noch nicht gekommen war. Ich war nicht sicher, ob sie mit mir spielten, oder das Auto wirklich verspätet war. Eine Stunde später holten sie mich wieder ab. Vom Leiter der Sicherheitspolizei wurde ich in seinem Privatauto aus dem Gefängnis gefahren. Er war diesmal sehr freundlich und ließ mich wissen, dass wir auf die andere Seite der Stadt fahren würden, um einige Papiere zu erledigen. Danach würde ich ausgewiesen werden. Ich fragte ihn, was mit meiner Familie geschehen würde, da sie das Ausreisevisum von mir als Familienoberhaupt bräuchten, um Ausreisevisa für sich selbst beantragen zu können. Der Herr berührte sein Herz und er erlaubte mir, mit seinem Privattelefon meine Frau anzurufen, um ihr mitzuteilen, dass wir uns auf der anderen Seite der Stadt bei der Polizeistation treffen sollten. Als ich sie endlich erreichte, konnte sie kaum glauben, dass ich am Apparat war. Sie hatte gerade eine Sitzung mit Leuten unserer Botschaft und unserem Rechtsanwalt hinter sich, um die nächsten Schritte zu besprechen. Als sie meine Stimme am Telefon hörten, erkannten sie, dass die Sicherheitspolizei ihre Pläne geändert hatte und der Rechtsanwalt und meine Frau fuhren sofort los zur Polizeistation.

Ich kam vor ihnen an und war gespannt, was passieren würde. Sicherheitsbeamte brachten die 130 MP3-Geräte in den Raum und warfen sie auf den Boden. Ungefähr 25 Polizisten begannen damit, diese zu prüfen und zu untersuchen. Ich merkte jetzt, dass ich nicht freigelassen werden würde. Man würde mich vor Gericht stellen und die MP3-Geräte würden als Beweise gegen mich dienen. Ich hoffte, dass sie die Geräte hier lassen würden, damit meine Frau und der Rechtsanwalt sie mitnehmen könnten, wenn sie kommen. Ungefähr zehn Minuten später trafen sie ein und sahen all die Geräte auf dem Boden. Ohne viel zu sagen, verließen sie den Raum wieder. Ein paar Minuten später trat der Assistent des Rechtsanwalts ins Zimmer, sammelte alle Geräte ein und verließ den Raum mit ihnen. Wenige Augenblicke später tauchte meine Frau auf und sagte in unserer Sprache: „Wenn sie fragen, wo die Geräte sind, sag ihnen einfach, dass du es nicht weißt."

Dann wurde ich aus dem Raum geführt und in ein anderes Gefängnis verlegt. Dieses Mal war ich in einem Raum mit ungefähr 50 verschiedenen Menschen untergebracht. Einige waren Mörder und Diebe und es gab dort sogar ein paar kleine Kinder, die Kleinigkeiten auf dem Markt gestohlen hatten, weil sie hungrig waren.

Es war das erste Mal, dass mir Papier und Schreibzeug zu Verfügung stand. Also schrieb ich alle Dinge auf, die der Herr im Gefängnis zu mir gesprochen hatte, damit ich sie nicht vergessen würde. Für die Gefangenen wurde hier nicht gesorgt. Essen und die Kleidung mussten von Freunden und Familie bereitgestellt werden. Sara brachte mir eine Matratze und eine kleine Gymnastikmatte, damit ich etwas zum Schlafen hatte.

Ich bemerkte, dass die meisten Leute ein Telefon hatten, obwohl der Besitz eines solchen offiziell verboten war. Also bat ich meine Frau, mir ein Telefon mitzubringen, damit wir in Verbindung bleiben konnten. Als sie es mir geben wollte, ließ die Wache es nicht zu. Ich bot ihm die Gymnastikmatte an. Danach erlaubte er mir, das Telefon mit in die Zelle zu nehmen. So waren wahrscheinlich auch alle anderen zu ihren Telefonen gekommen. Ich war äußerst glücklich, ein Telefon zu haben und rief einige meiner Familienangehörigen an, sobald ich konnte.

Am nächsten Tag wurden fast alle 50 Personen ins Gericht gebracht, um ihr Urteil zu bekommen. Der Rechtsanwalt kam früh am Morgen, um mich zu besuchen. Er sagte, dass er herausfinden wolle, welcher der 17 Richter meine Akte hatte, um diesen vorher zu treffen. Ungefähr um elf Uhr kam er zurück um mir mitzuteilen, dass alles in Ordnung gehen sollte und dass er mit dem Richter zu einer Einigung gekommen war. Als ich in den Gerichtssaal geführt wurde, sah ich dort den Richter, den Rechtsanwalt und einige Zeugen. Der Richter hörte den Kläger an. Zu meinem Erstaunen wurde ich nur dafür beschuldigt, mich illegal im Land aufzuhalten. Da mein Visum drei Monate vorher abgelaufen war, entsprach dies der Wahrheit. Mein Visum war abgelaufen, weil die Sicherheitspolizei den Antrag auf Erneuerung nicht bewilligt hatte. Schließlich fragte mich der Richter, ob das stimmte und ich gab zur Antwort, dass es so sei. Er verurteilte mich zu einer geringen Strafe und ich musste eine Gebühr von 200 Dollar bezahlen. Es wurden keine weiteren Anklagen gegen mich erhoben. Erst später am Flughafen erfuhr ich, dass sie zwei weitere Akten über mich hatten, in denen ich weit bedeutenderer Vergehen beschuldigt wurde. Dies hätte zu einer Strafe von vielen Jahren Gefängnis führen können. Ich pries den Herrn, dass Er mich auf diese Weise bewahrt hatte. Bevor ich zum Flughafen transportiert wurde, verbrachte ich mehrere Stunden auf der Polizeistation. Ich erhielt meine Tasche zurück, wodurch es mir möglich wurde, etwas Fleisch für mich und die Wachen zu kaufen, um meine Freilassung zu feiern. Um elf Uhr abends brachte man mich dann zum Flughafen, um mich aus dem Land auszufliegen. Meine Familie folgte mir am nächsten Tag, sodass Lea den Campingausflug ihrer Schule wie geplant bis zum Schluss mitmachen konnte.

Schwierige und herausfordernde Zeiten bewirken oft, dass das Reich Gottes sich ausbreitet. In Ländern, die mit Krieg, ethnischen Säuberungsaktionen*, Naturkatastrophen oder Verfolgung von Gläubigen konfrontiert sind, gibt es oft ein gewaltiges Wachstum des Reiches Gottes. Andererseits kennen wir Fälle, in denen schwere Verfolgung Teile der Gemeinde zerstört hat. Obwohl wir in keiner Weise Verfolgung und die Grausamkeiten von Krieg und Völkermord* gutheißen wollen, ist es doch in Realität oft so, dass viele Menschen sich wegen diesen dem Herrn Jesus zuwenden. Tertullian, einer der Kirchenväter, sagte: „Das Blut der Gläubigen ist der Same der Gemeinde."

Nach meiner Freilassung mussten über 200 christliche Arbeiter* das Land verlassen. Es ist offensichtlich, dass die Regierung beschlossen hatte, das Land von jeglicher christlichen Tätigkeit zu säubern. Sie verschärfte auch die Verfolgung einheimischer Christen. Einige von ihnen wurden verhört und gefoltert und die Staatsbürgerschaft wurde ihnen entzogen. In mehreren Gegenden des Landes geht der Krieg weiter, der Zehntausende zu Flüchtlingen macht, die jetzt in Lagern in benachbarten Ländern wohnen.

Während unserer relativ kurzen Zeit im Land, erlebten wir, wie immer mehr Menschen aus bestimmten Stämmen sich Christus zuwendeten. Nach der Ausweisung aller christlichen Arbeiter*, haben wir von einer größeren Offenheit für das Evangelium unter den unerreichten Stämmen gehört, sowohl innerhalb der Landesgrenzen, als auch in den Flüchtlingslagern in den Nachbarländern. Eine Konferenz zur Ausrüstung einheimischer Gläubiger für die Evangelisation unter Muslimen* in den Flüchtlingslagern hat kürzlich gezeigt, dass es eine große Offenheit für das Evangelium gibt. Dem liegt das Leid zugrunde, das überhaupt erst die Ursache für ihren Aufenthalt in den Flüchtlingslagern war. Wir beten und erwarten eine große Ernte zur Ehre Gottes.

Gelernte Lektionen

1. Sein Leben für Gott zu leben ist die abenteuerlichste und spannendste
   Sache, die man mit seinem Leben machen kann, egal wo auf der Welt
   man lebt. Man muss nicht ins Ausland gehen, um sein Leben täglich
   Gott unterzuordnen und Ihn zu bitten, einen zu leiten, die Werke zu
   tun, die Er für einen vorbereitet hat.
2. Während die meisten Menschen, mich eingeschlossen, nicht überrascht gewesen wären, wenn meine Kinder mit negativen Gefühlen
   gegenüber Gott reagiert hätten, trat das Gegenteil ein! Der Glaube
   meiner Kinder wuchs während dieser schwierigen Zeit.
3. Es ist nicht sicher, ob meine Gefängniserfahrung eine Prüfung, eine
   Versuchung oder eine Mischung aus beidem war. Ich weiß aber, dass
   der Herr es nie zulassen wird, dass wir über unser Vermögen versucht
   werden und Er schenkt die Kraft, die wir brauchen, wenn wir in Versu-
   chungen schwach sind.
4. Wir müssen eine intime Beziehung mit Jesus anstreben. Diese Intimi-
   tät ist die Quelle aller Frucht in unserem Leben, sei sie äußerlich in
   Form eines Dienstes oder innerlich in Form von Heiligung.
5. Jeder, der ein heiliges Leben vor Gott führen möchte, wird verfolgt
   werden. Es gibt unterschiedliche Arten der Verfolgung, wie der Verlust
   eines guten Rufes, der Verlust von Hab und Gut, Gefängnis, Folter und
   Tod. Der Herr weiß, welche Art der Verfolgung er jedem Menschen
   zumuten kann, so dass sein Charakter verändert und Christus geehrt
   wird.
6. Dass der Leib Christi zusammenstand, um meine Familie und mich
   während dieser Anfechtung zu unterstützen, spielte eine große Rolle
   für unsere Fähigkeit, im Glauben auszuharren. Wir erhielten Unterstützung von einheimischen Gläubigen, von ausländischen Gläubigen aus verschiedenen Konfessionen und Organisationen in unserem
   Gastgeberland und von Gläubigen aus der ganzen Welt.

7. Während schwieriger Prüfungen dürfen wir niemals zulassen, dass Entmutigung oder Hoffnungslosigkeit unseren Glauben zerstören. In unserer Schwachheit müssen wir Jesus um Kraft zum Durchhalten bitten. Jeder von uns – meine Frau, meine Kinder und ich – hatten Momente während dieser Zeit, in denen wir uns für Vertrauen entscheiden und der Versuchung, aufzugeben, widerstehen mussten.

8. In dieser Welt kann uns alles genommen werden – unser Zuhause, unsere Arbeit und sogar unser Partner und unsere Kinder. Wir müssen lernen, in Jesus allein unser volles Genüge zu haben, weil Er der Einzige ist, der uns nicht weggenommen werden kann. Als ich im Gefängnis war, hatte ich nichts außer Jesus und während ich große Sehnsucht nach meiner Frau und meinen Kindern hatte, war Seine köstliche Gegenwart ausreichend, um diese Anfechtung auszuhalten.

9. Wenn wir Jesus radikal nachfolgen, werden wir ein Geruch des Todes sein und der Welt als Narren erscheinen. Denen hingegen, die Ihn kennen, werden wir ein Geruch des Lebens sein und sie anspornen, unserem Beispiel zu folgen und in völliger Hingabe an Christus zu leben. Während einige Leute ihre Missbilligung meiner Entscheidungen zum Ausdruck brachten, haben mir andere gesagt, zu beobachten, wie meine Familie alles für Jesus aufgegeben hat, habe sie inspiriert, Jesus noch leidenschaftlicher nachzufolgen als je zuvor.

10. Suchen Sie nach dem Humor in Ihrem Leben, egal wie angespannt oder schwierig die Situation ist. Wir können in jeder Situation einen Sinn für Humor behalten und fröhlich sein. Zum Beispiel haben wir als Familie, während einer der 30-minütigen Besuchszeiten, darüber gelacht, dass Sara und die Kinder planten, ins schönste Hotel der Stadt zu gehen, während ich den Eid-Feiertag im Gefängnis verbringen würde.

11. Obwohl wir von der Sicherheitspolizei gezwungen wurden, unser Gastgeberland zu verlassen, war es Gott, der es zugelassen hatte, weil Er es ist, der unsere Tage zählt. Betrachten Sie alle Tage in Ihrer Gastgeberkultur als Geschenk von Gott und nutzen sie diese weise, da Sie nicht wissen, wie viel Zeit Gott Ihnen dort gibt. Mehrere Leute, die aus unserem Gastgeberland ausgewiesen worden waren, äußerten ihr Bedauern, während ihrer Zeit, die sie dort sein durften, nicht mehr von Jesus weitererzählt zu haben. Jene unter uns, die das Reich Gottes

in ihrer eigenen Kultur vorantreiben, haben ebenfalls keine Garantie, wie viele Tage ihnen in ihren Schulen, an ihren Arbeitsplätzen, in der Versorgung ihrer Kinder oder als Nachbarn bleiben. Wir müssen alle unsere Zeit weise nutzen und die Gute Nachricht von unserem König Jesus bei jeder Gelegenheit bezeugen, damit wir nichts zu bedauern haben.

12. Es ist wichtig, die eigene Identität in Ihrem Gastgeberland zu kennen und sie in einfacher Weise mit ein oder zwei Sätzen erklären zu können. Dann kann man auf fast alle Fragen, mit denen die Menschen an uns herantreten, mit dieser vorbereiteten Erklärung antworten. Wichtig ist, sich auch als Nachfolger Jesu zu bezeichnen. Die Erklärung, die ich immer wieder wiederholt hatte, war: „Die Erklärung, die ich immer und immer wieder abgegeben hatte, war: „Ich bin ein Geschäftsmann, der Jesus liebt, und ich rede mit Menschen über Ihn, wo immer ich kann."

13. Während ich im Gefängnis war, sprach Gott zu mir über die Wichtigkeit, eine tägliche Familienandacht zu halten. Sara war sehr dankbar, dass wir diese Gewohnheit als Familie viele Jahre lang praktiziert hatten und dass ich viel Zeit damit verbracht hatte, mit den Kindern über Verfolgung im Allgemeinen, über meine Inhaftierungen und über die Möglichkeit einer zukünftigen Haft zu sprechen. Die Kinder waren besser vorbereitet durch diese Gespräche, die oft während unserer Zeit der Familienandacht stattfanden. Während ich im Gefängnis war, zeigte mir Gott ein neues Konzept für unsere Andachtszeiten, basierend auf Prediger 9,7-10 und 2. Mose 20,12. Ich habe unsere Familienandacht im Anhang 1 geschildert und lade Sie ein, diese zu lesen und wenn Sie wollen, für sich anzuwenden.

Jesu war treu, ist treu und wird treu bleiben. Wenn wir Ihm in allen Situationen vertrauen, werden wir nie enttäuscht werden.

Kapitel 16

Saras Geschichte

Bevor ich meine persönliche Erfahrung mit der Inhaftierung von Daniel mitteile, ist es wichtig, dass Sie etwas über meine Geschichte und meinen Lebensweg mit dem Herrn verstehen. Dass ich während der 58 bittersüßen, schwierigen Tage seiner Gefangenschaft durchhalten konnte, liegt weder daran, dass ich emotional stark war noch dass ich einen Abenteuergeist hatte. Es war eigentlich genau das Gegenteil! Bevor ich heiratete, sagte die Frau des Teamleiters, die mich als Mentorin auf dem Weg in die Ehe und in den Dienst begleitete und mich sehr gut kannte, zu mir: „Sara, du gehst fest mit dem Herrn, bist physisch stark und brauchst nicht viel Ruhe, daher kannst du viel erreichen, mehr als viele andere. Aber für den Dienst, der vor dir liegt, musst du emotional noch stärker werden." Das war das erste Mal in meinem Leben, dass ich so eine starke Ermahnung erhielt. Obwohl es schwer anzunehmen war, wusste ich, dass es stimmte. Mir war es in gewissem Maße klar, dass ich in diesem Bereich wachsen musste, aber in diesem Moment erkannte ich, wie wichtig diese Sache war und dass ich den Herrn dringend brauchte, damit Er dieses Werk in mir vollbrachte.

Nicht lange nachdem wir als junges Paar auf unserem ersten Arbeitsfeld angekommen waren, erhielt unser Team Drohungen bezüglich unserer Sicherheit und Daniel erhielt die erste von mehreren persönlichen Morddrohungen. An der Seite eines Ehemannes, der eine evangelistische Gabe besaß, würden Fragen der Sicherheit ein alltäglicher Teil unseres apostolischen Lebensstils werden. Mit der Zeit stellten diese Drohungen eine große Herausforderung für mich dar und zwangen mich dazu, mich mit meiner emotionalen Schwäche zu beschäftigen. Ich kämpfte oft mit der Angst, meinen Mann zu verlieren und ich spielte viele „Was wenn…?"-Szenarien in meinem Kopf durch. Ich konnte nicht mehr schlafen und verlor den Appetit. Ich fragte den Herrn oft: „Wie kann ich dem widerstehen und Kraft von Dir bekommen?" Meistens lud Er mich ein, mich zu Seinen Füßen zu setzen.

Jedes Mal stand ich vor der Wahl, der Angst nachzugeben oder dem Herrn zu vertrauen. Durch Seine faszinierende Gnade, überwand ich die Angst und vertraute Ihm immer mehr und mehr. Ich lernte auch, meine Lasten Daniel offen mitzuteilen, so dass wir gemeinsam beten konnten.

Am Abend, als Daniel das zweite Mal in dem zweiten Land unseres Dienstes festgenommen wurde, waren wir völlig überrumpelt. Wir hatten unseren guten Freunden an diesem Morgen beim Frühstück gesagt, dass wir glaubten, Gott schenke uns eine zweite Dienstzeit in diesem Land und wir hatten ihnen einige unserer persönlichen Pläne, Träume und Hoffnungen mitgeteilt. Da die Männer, die ihn festnahmen Zivilkleidung trugen, waren wir nicht sicher, ob sie Kidnapper waren oder von der Sicherheitspolizei. Ich war wirklich erleichtert, als er anrufen durfte und mir erzählte, dass er beim Sicherheitsdienst war und es beruhigte mich sehr, als er freigelassen wurde, um die Nacht bei uns zuhause zu verbringen. Das schenkte uns die Gelegenheit, miteinander zu beten, Entscheidungen zu treffen und unsere Notfallpläne weiter auszufeilen.

Während dieser Zeit erlebte ich einen intensiven geistlichen Kampf, wie ich ihn noch nicht erlebt hatte. Mit jedem Gebetsruf von der nahegelegenen Moschee fühlte ich, dass eine dunkle Wolke über mich kam, wie große Krähen, die sich in meinem Kopf einnisten wollten. Ich suchte Hilfe bei einer Mitarbeiterin in unserer Stadt, die Jesus liebte und mich schon früher ermutigt hatte, in meinem Wandel mit dem Herrn zu wachsen. Während der nächsten sechs Monate, in denen Daniel mit der Sicherheitspolizei zu tun hatte, verbrachte sie mit mir regelmäßig Zeit zusammen im Austausch und Gebet. Während dieser Zeit begann ich auch mehr Zeit mit dem Wort Gottes und in persönlicher Anbetung zu verbringen. Es war eine wunderbare Zeit, in der mich der Herr auf das vorbereitete, was auf uns zukam.

Gott schuf auch eine Gelegenheit für mich, in einer örtlichen Grundschule zu unterrichten. Es war eine Privatschule und die meisten meiner jungen Schüler waren Kinder von Regierungs- und Sicherheitsbeamten. Ich stand unter starker Aufsicht, da es in jedem Klassenraum Überwachungskameras gab. Während diesem Jahr wurde ich mutiger zu beantworten, was ich glaube und was ich mache. Ich musste das alles alleine bewältigen, da Daniel nicht die Probleme für mich lösen konnte.

Es war eigentlich keine totale Überraschung für mich, als Daniel eines Abends im Oktober 2012 festgenommen wurde. Seit wir in diese Gegend auf der anderen Seite des Flusses gezogen waren, schien es, als ob wir von der Sicherheitspolizei stärker beobachtet wurden. Und es gab einen Nachbarn, der anscheinend etwas gegen uns hatte, da er nicht freundlich war und manchmal von der Straße aus auf unser Haus deutete, wenn er mit anderen Menschen redete. Das geistliche Klima in unserer Nachbarschaft und in unserem Haus war dunkel und bedrückend. Wir bemerkten auch, dass unser Bildungszentrum vom Sicherheitsdienst öfter besucht wurde. Damals fragte ich mich, ob dies Ablenkungsmanöver vom Feind waren, um uns zu zermürben. Aber ich fragte mich auch, ob etwas Ernsthafteres im Kommen war.

Über die Jahre habe ich gelernt, regelmäßig unsere Notfallpläne durchzugehen und wenn nötig, Anpassungen vorzunehmen. Ich habe auch eine Packliste bereit, damit ich nicht allzu viel überlegen muss, wenn das Unerwartete eintritt. Nachdem ich spürte, dass irgendetwas eintreten könnte, bat ich Daniel mich an alle Passwörter zu erinnern und wichtige Informationen bezüglich unserer Bankkonten und Versicherungen zu wiederholen. Wir wiederholten auch unsere Identitätserklärung. Inzwischen bezeichne ich das als „Vorsorge für Stresssituationen".

Der Abend, an dem Daniel festgenommen und ins Gefängnis gebracht wurde, war der Anfang eines Laufes mit einer ungewissen Ziellinie. Zuerst sprach ich mit meinen Kindern und wir beteten für Daniels Schutz und um Frieden für uns alle. Dann informierte ich bestimmte Mitarbeiter und die Leiter unserer sendenden Organisation*. Später am Abend informierte ich unsere Botschaft, einheimische Freunde in hohen Positionen, unsere Familien zuhause und meine Gebetspartnerin in der Stadt. Ich versteckte unsere Computer, Festplatten, einige unserer Bücher und Daniels Mobiltelefon an kreativen Plätzen, wie in der Waschmaschine unter schmutziger Kleidung, im Kühlschrank unter Lebensmitteln, im Backofen und im Hühnerstall. Nichts wurde gefunden, als sie am nächsten Tag kamen, um unser Haus zu durchsuchen.

Um die Schlafenszeit unserer Kinder klopfte jemand an unsere Tür. Wir dachten, die Sicherheitspolizei sei gekommen, um unser Haus zu durchsuchen. Stattdessen war es ein Niederlassungsleiter von einem unserer Bildungszentren, der zu einer Besprechung mit Daniel gekommen war, die er mit ihm einige Wochen vorher vereinbart hatte. Ich erzählte ihm, was vorging und seine Antwort war: „Sara, wenn Daniel nicht heute Abend nach Hause kommt, werde ich dich und die Kinder nicht alleine lassen." Dieser Kollege, (dessen Familie wieder in Europa war) betrachtete es als seine Pflicht, uns als Familie zu beschützen, zu helfen und wenn es nötig war, zu beraten und Sachen zu organisieren, damit ich und die Kinder nicht alleine sein mussten. Ab diesem Tag, war über Nacht immer ein Mann bei uns im Haus. Meistens war das „Luemel", der bei den Einheimischen* als mein jüngerer Bruder bekannt war, da wir aus demselben Heimatland stammten und er bei uns wohnte. Es war ein unglaublicher Segen für uns, dass er zu den Essenszeiten bei uns war und Zeit mit den Kindern verbrachte, während ich die vielen neuen Verantwortungen, bedingt durch die Abwesenheit meines Mannes, wahrnehmen musste.

Eine meiner Freundinnen, die aus einer wichtigen Regierungsfamilie stammte und versucht hatte, Informationen für uns zu sammeln, erzählte uns einige Tage später, dass unsere Situation sehr ernst sei und dass Daniel möglicherweise länger im Gefängnis sein würde als ein paar Tage oder Wochen oder vielleicht sogar Jahre. Die Kinder stellten mir so viele „ob"- und „wenn"-Fragen. Ich wollte ihnen die Wahrheit sagen, aber sie gleichzeitig vor Informationen schützen, die zu belastend für sie sein konnten. Wenn wir über die Möglichkeit sprachen, dass Daniel jahrelang festgehalten werden könnte, versicherte ich ihnen, dass wir bleiben würden, außer die Regierung würde uns drei zwingen, auszureisen. „Ich werde eine Arbeit finden und wir werden in eine kleine Wohnung in der Nähe eurer Schule übersiedeln. Wir werden so normal wie möglich leben und Papa so oft besuchen wie sie uns erlauben." Diese Gespräche schienen eine Hilfe für die Kinder zu sein (… und für mich auch).

Es gab noch ein paar andere wichtige Entscheidungen, die wir gleich am Anfang trafen, um den unbekannten Weg vor uns so gut wie möglich zu bewältigen.

▶ Wir behielten den normalen Familienrhythmus bei – verbrachten die Essenszeiten gemeinsam, hatten eine Andacht vor dem Schlafengehen, besuchten freitags die internationale Gemeinde und gingen anschließend zum Mittagessen aus.

▶ Wir wollten weiterhin gesund essen und gut schlafen.

▶ Wir entwarfen eine einfache Erklärung für die Kinder, damit sie vorbereitet und sicher darin waren, Fragen von irgendwelchen Leuten zu beantworten (selbst wenn das hieß zu sagen: „Das ist eine Frage, die Sie meiner Mutter stellen sollten.").

▶ Wir machten es uns zur Priorität, uns Gefühlen wie Angst, Zorn, Traurigkeit usw. zu stellen und sie nicht zu beschönigen oder zu ignorieren.

▶ Wir passten die Wohnung an die Situation an. Wir teilten das Schlafzimmer und das Kinderzimmer diente zum Packen und für Gäste.

▶ Wir kommunizierten Grenzen und hielten sie ein. Unser Bedürfnis, entspannte Zeit miteinander zu verbringen, war größer, als unser Bedürfnis mit anderen zusammen zu sein.

▶ Wir machten weiterhin Pläne für Unternehmungen und Vergnügen.

▶ Ich traf mich regelmäßig mit meiner Mitarbeiterin und Freundin in der Stadt, um offen zu reden und über alle tiefen Gefühle zu beten, die unter solchen Umständen auftreten können.

Die Versuchung war extrem groß, einfach alle unsere Gefühle zu unterdrücken und in einen Zustand der Taubheit zu verfallen. Die Kinder und ich beteten regelmäßig für Daniel und uns selbst, dass der Herr jedem von uns Gnade schenken möge, in Fülle zu leben und nicht zuzulassen, dass unsere Herzen hart oder bitter werden. Wir bemühten uns, emotional mit Daniel verbunden zu bleiben, indem wir Tagebuch führten und ihm Briefe schrieben, ohne zu wissen, ob er sie je bekommen würde. Zusätzlich führte ich ein Notizbuch, um die Einzelheiten festzuhalten, damit es später möglich war, zu eruieren welche Schritte und Maßnahmen wir unternommen hatten. Diese Briefe waren für Daniel wirklich wertvoll, als er sie nach seiner Entlassung erhielt.

Ein weiterer Wendepunkt für unsere Kinder im Umgang mit Angst, Traurigkeit, Verwirrung, Zorn und all den normalen Gefühlen in solchen Situationen, war ein Brief der von Onkel Jack, unserem engen Freund, an sie gerichtet war. Die Worte kamen wirklich vom Herrn und drangen tief in die verwirrten Herzen unserer Kinder ein. Onkel Jack und Tante Janice waren so hingebungsvoll um uns besorgt, dass sie in einem ihrer Gebetsbriefe schrieben, sie liebten meine Kinder gleich wie ihre eigenen. Ezechiel und Lea wussten, dass Jack und Janice so etwas nicht leichtfertig sagen würden. Sie fühlten sich sehr bestätigt, geliebt und wertgeschätzt!

Mir war ein Brief, den sie als Gebetsaufruf für uns versandten, eine ermutigende Ermahnung und half mir, einige meiner eigenen Fragen und

Zweifel darüber zu überwinden, ob wir noch mehr für die Freilassung von Daniel unternehmen sollten, oder nicht. Hier ihr Brief:

Vor mehr als zwei Wochen sind zwei unserer sehr guten Freunde und Kollegen von der Sicherheitspolizei festgenommen worden. Zwei Männer als Vertreter von zwei Familien, und es hat kaum Kontakt gegeben. Die Frauen dürfen ihre Ehemänner nach zwei langen Wochen noch immer nicht besuchen. Ereignisse dieser Art helfen uns, uns an die Prioritäten zu erinnern und über diesen zu beten. Wir müssen bei der Bewältigung dieser Situationen die langfristige Perspektive vor Augen haben.

Von den Gefühlen her ist das sehr schwierig. Wenn wir mitten in dieser Situation stecken, verlagert sich unsere Priorität ganz natürlich auf das Wohl (und in unserem Denken bedeutet das die Freilassung) unserer geliebten Person.

Ich bin mir nicht sicher, ob Gottes Priorität sich je verlagert. Es gibt mehrere Dinge, die wichtiger sind als die Gesundheit und das Wohlergehen und die Befreiung des Inhaftierten. Darf ich einige davon aufzählen:

1. Die Ehre Gottes
Es ist aufschlussreich, welche zentrale Rolle Gefängnisaufenthalte im Plan Gottes haben. Josef, Jeremia, Johannes der Täufer, Jakobus, Petrus, Paulus – und viele andere in der Schrift und in der Geschichte – bezeugen, dass Gott in der Gefangenschaft verherrlicht wurde. Wir erinnern uns selbst mit Josef daran, dass es nicht um uns geht und dass „der Mensch Böses im Sinne hatte, Gott aber im Sinne hatte es gut zu machen."

Wir ermutigen uns mit den Briefen des Paulus und vergessen, dass viele von ihnen aus dem Gefängnis heraus geschrieben wurden.

2. Die Glaubwürdigkeit des Evangeliums
Wenn Nachfolger Jesu ins Gefängnis kommen, wird das Evangelium zur Schau gestellt. Leben wir, was wir predigen?

Glauben wir, was wir sagen? Ist Gott genug? Ist Jesus unsere feste Burg? Ist der Heilige Geist ein Tröster? Sind das Binsenwahrheiten einzelner isolierter Leute, oder Wahrheiten, die durch Prüfungen in unsere Seelen eingebrannt sind?

Wenn Missionare* ihr Leid vorbildlich tragen, vermitteln sie eine Bot-

schaft an einheimische Gläubige (die weit mehr leiden, als wir), dass Jesus
es wirklich wert ist, für Ihn zu leiden und dass wir an ihren Schwierigkeiten
Anteil nehmen.

Leiden gut zu tragen ist auch ein Zeugnis für unsere Peiniger. Atha-
nasius hielt fest, die Freude mit der Frauen und Kinder körperlichen Miss-
handlungen und Tod gegenübertraten, war ein Beweis für die Auferste-
hung.

Leiden gut zu tragen ist auch ein Zeugnis für unsere Peiniger.

3. Der Charakter des Gefangenen und seiner Familie

Gott wirkt in uns, wenn wir auseinandergenommen, eingesperrt, miss-
braucht und misshandelt werden. Es gibt eine Freude in der Gemeinschaft
Seiner Leiden. Der selten erlebte (weil wir die Erfahrung scheuen) Lohn
für Gefängnis und Verfolgung ist eine unbeschreibliche Vertrautheit mit
Jesus – die unsere Seele erfreut. Erzählungen von Befreiten überraschen
uns, wenn sie sich nach den guten alten Zeiten in den Betonzellen sehnen,
weil sie dort die Gegenwart Jesu unverfälscht und ungehindert erlebten.
Gott wirkt auch in den Herzen der Partner und Kinder in diesen zugegebe-
nermaßen schmerzhaften Zeiten – wenn wir Ihn lassen.

Alles oben erwähnte ist wichtiger als die Gesundheit und Freilassung
der Gefangenen. Das ist nicht gefühllos, so ist Christus. Es geht nicht um
uns und nicht um unsere Sicherheit. Helen Keller, die bestens wusste, was
Gefangensein bedeutet – sagte: „Sicherheit ist hauptsächlich Aberglaube.
Sie existiert nicht wirklich, auch können Menschenkinder sie nicht als Ganzes erfahren. Gefahr zu vermeiden ist letzten Endes nicht sicherer als sich
ihr offen zu stellen. Das Leben ist entweder ein herausforderndes Abenteuer oder nichts."

Wenn wir Kurzsichtigkeit wählen, bewegen wir Himmel und Erde, um
unsere geliebte Person in Freiheit zu sehen. Einerseits ist das bewunderns-
wert, andererseits kann das selbstsüchtig sein. Als ich vor einigen Jahren
festgenommen wurde, schätzte ich die Mühen derer, die sich dafür einsetzten, dass ich freigelassen wurde – aber es hätte mich wütend gemacht, wenn
sie sich für meine Freiheit so eingesetzt hätten, dass es meine Dauerhaf-
tigkeit betroffen hätte, in dem Land (und unter den Menschen) wohin ich
zum Dienen berufen war – und wenn nötig zum Sterben. Die langfristige

Perspektive stützt den Gefangenen in seiner einsamen Zelle. Er möchte keine hektische, unbändige Bemühung, ihn frei zu bekommen. Er möchte nach seiner Freilassung im Land bleiben. Er möchte nicht, dass Stimmen von außerhalb, einheimische Ämter beschämen oder seine Entlassung erzwingen – das kann ein viel schlimmeres Schicksal sein, als einsame Tage im Gefängnis.

Diejenigen, die uns aus dem Gefängnis berichten, sagen: „Es geht uns gut. Jesus ist real. Wir werden vom Heiligen Geist aufrechterhalten und erleben wunderbare Gemeinschaft mit dem Vater. Sorgt euch nicht um uns. Geratet nicht in Panik. Überstützt die Situation nicht. Wir verbessern unsere Sprachkenntnisse, wir haben genug Zeit zum Beten, wir geben unseren Häschern Zeugnis. Wir schätzen eure Mühen – denn die Seele des Menschen ist zur Freiheit geschaffen – aber wir bitten euch: Geht langsam und respektvoll vor, denn unser größter Wunsch ist, dass Jesus in dieser Situation verherrlicht wird und dass wir Ihn weiterhin in diesem geliebten Land (wenn überhaupt möglich) preisen können, auch nach unserer Freilassung. Wenn wir also ein paar extra Wochen oder Monate hier sitzen müssen – so sei es!"

Die Zeit ist auf der Seite der Gerechten. Vergessen wir nicht, wer wirklich die Gefangenen sind und wählen wir die langfristige Perspektive, ertragen wir, was uns auferlegt wird, damit sie befreit werden mögen.

Und was ist mit den Kindern der Gefangenen? Wenn Sie Interesse haben, lesen Sie den Brief, den ich den Kindern unseres lieben inhaftierten Freundes geschrieben habe – den Kindern, die wir lieben, wie wir unsere eigenen Kinder lieben. Das möchte ich, das jemand meinen Buben sagt, wenn ich je wieder ins Gefängnis zurückmüsste, oder wenn je von uns verlangt würde, dass wir unser Leben für Jesus hingeben.

In beständiger Hoffnung
Jack und Janice
Mit John und Josh

Vor unserem ersten Besuch bei Daniel bereitete ich die Kinder darauf vor und sagte ihnen, dass sie sich nicht durch schroffe und unfreundliche Sicherheitsbeamte oder durch einen unrasierten und überraschten Vater einschüchtern lassen sollten. Ich sagte: „Möglicherweise werden wir Papa nicht einmal berühren können, wenn er vielleicht hinter einem Drahtzaun oder einem Fenster bleiben muss." Wir wollten ihm mitteilen, dass wir ihn liebten und vermissten und sehr stolz auf ihn waren. Wir wollten ihn wissen lassen, dass es uns gut ging, dass viele Menschen auf der Welt für ihn beteten und dass wir uns Tag und Nacht für seine Situation einsetzten. Die vier Sicherheitsbeamten, die neben uns saßen und genau zuhörten, um sicherzugehen, dass unsere Unterhaltung keine Details über seinen Fall enthielten, erlaubten den Kindern großzügigerweise, mit ihrem Vater in der Muttersprache zu sprechen. Wir waren sehr erleichtert zu wissen, dass es ihm, gemessen an den Umständen, wirklich gut ging, dass er eine Bibel bei sich hatte und dass er einen Tagesablauf hatte und auch Gymnastik machen konnte. Daniel ermutigte die Kinder, Dinge zu tun, die ihnen Spaß machten und sagte ihnen, dass wir einen langen Familienurlaub an einem netten Ort machen würden, wenn er wieder frei sein werde. Ihn dort zurückzulassen war nicht leicht, aber wir hatten die Gewissheit, dass er den Herrn wie nie zuvor erlebte.

Aufgrund unserer vorhergehenden Gespräche während ähnlicher Sicherheitsprobleme zweifelte ich in meinem Herzen nicht daran, dass Daniel wollte, dass ich mich für seine Freilassung einsetzte, aber nicht um den Preis, das Land verlassen zu müssen – außer der Herr würde uns ganz klar etwas anderes sagen. Dieser Ansatz passte sehr gut zur Strategie unserer Botschaft. Eines Tages in der vierten Woche spürte ich jedoch wie kleine Zweifel hinsichtlich unseres derzeitigen Planes aufkamen. Ich hatte die Frage in meinem Herzen: „Wann ist der richtige Zeitpunkt, den Sicherheitsbeamten zu sagen, dass wir bereit waren, das Land zu verlassen, wenn sie das von uns erwarteten?" Genau an diesem Morgen erhielt ich ein prophetisches Wort der Ermutigung von einem Gebetskämpfer, das mir sagte, ich sollte unser geliebtes Gastgeberland loslassen und nicht darauf bestehen, es festzuhalten. Am selben Tag hatte unser Leiter des Krisenmanagement-Teams auf dem Feld ein Wort von Gott bekommen, dass unsere Zeit in dem Land erfüllt sei und dass wir frei sein würden, es zu verlassen. Nachdem das eine große Verlagerung in unserer derzeitigen Vorgangsweise bedeutete, wollte ich den Segen unserer Leiter in der Heimat und einiger anderer wichtiger Ratgeber. Wir hatten alle Frieden über diese Änderung unseres Plans, wollten es aber von Daniel bestätigen lassen. Um das zu tun, konnten wir nur den nächsten Besuch abwarten. Eine Woche später wollte der

Konsul mich treffen und fragte, ob unsere Familie bereit wäre, auszureisen. Es war so eine wunderbare Bestätigung für mich, dass so viele bezüglich der nächsten Schritte übereinstimmten. Der Konsul akzeptierte unsere Notwendigkeit, auf den nächsten Besuch bei Daniel zu warten, obwohl wir nicht sicher wussten, wann das sein würde.

Die Kinder und ich begannen zu beten, dass der Herr diesen Plan Daniel im Gefängnis offenbaren würde. Wir freuten uns riesig und priesen Gott für die Gebetserhörung und die Einheit im Geist, die er uns geschenkt hatte, als Daniel erklärte, er sei bereit auszureisen. Wir fuhren direkt vom Gefängnis zum Konsul, um ihn zu informieren, dass Daniel bereit sei das Land zu verlassen, so dass die Botschaft die nötigen diplomatischen Schritte unternehmen konnte, um seine Freilassung voranzutreiben.

Obwohl wir sehr aufgeregt waren, ihn wiederzusehen, wussten wir diesmal gut, wie groß der Schmerz nach dem Abschied von ihm sein würde. Jack ermutigte mich: „Geht zu ihm, strahlt, lacht, scherzt mit ihm, damit er weiss, dass es euch allen gut geht. Er muss das wirklich wissen." Am Morgen dieses Besuches erhielt ich eine andere Botschaft von meiner engen Freundin, die sagte: „… geh als seine Braut." Dieses Wort brachte zum Ausdruck, was mein Herzenswunsch für die gemeinsame Zeit innerhalb der dicken Mauern dieses dunklen Gefängnisses war. Ich trug Schmuck und Kleidung, von der ich wusste, dass sie ihm gefiel und richtete meine Haare so, dass ich wie seine Braut aussah. Als ich ankam, küsste er mich! Wir hatten einen weiteren wunderbaren Besuch, indem wir uns ermutigten und unsere Liebe füreinander ausdrückten. Als wir das Gefängnis verließen, waren wir sehr dankbar für das, was der Herr in Daniels Leben wirkte und wie Er ihn aufrecht hielt. Aber wir bemerkten auch, dass die Unsicherheit über die Zukunft anfing, ihn ein bisschen zu zermürben.

Bei unserem dritten Besuch, saß nur ein Wachebeamter bei uns und wir durften in unserer Muttersprache miteinander sprechen. Wir versuchten, die vielen Fragen Daniels zu beantworten und erzählten ihm, was in der Stadt, mit dem Unternehmen und mit dem Team vor sich ging. Er ermutigte die Kinder und bat mich, zu drei Tagen Beten und Fasten für seine Freilassung aufzurufen. Ich war immer fasziniert, wie Daniel auf den Geist hörte und auf das Gespräch mit uns vorbereitet war. Unter Tränen, Küssen, Umarmungen und liebevollen Worten verließen wir ihn wieder.

Acht Tage später um 3.45 Uhr morgens saß Daniel im Flugzeug und sagte mir übers Telefon: „Das Flugzeug startet, ich liebe dich!" Was für eine große Erleichterung, welch ein Wunder, welche Freude!!! Das Flugzeug hob ab, ohne irgendeine plötzliche Überraschung, dass dieser Fall doch nicht abgeschlossen war, oder dass sie noch irgendein Papier brauchten, oder noch Gebühren zu zahlen waren. Er war tatsächlich frei! Ich konnte nicht mehr einschlafen, da ich einen anstrengenden Tag vor mir hatte. Ich musste fertig einpacken, alle Papiere an der Schule der Kinder zusammenstellen, damit sie ihre Schulzeugnisse bekommen konnten und tausende andere kleine Dinge erledigen. Eine echte und treue Freundin blieb den ganzen Tag bei mir und half mir bei allem, worum ich sie bat. Es war mir wichtig, den Kindern Gelegenheit zu geben, sich von ihren besten Freunden zu verabschieden. Deshalb organisierten wir eine kleine Abschiedsfeier für sie in ihrem Lieblingseissalon. Ich richtete zuhause eine Zeit der offenen Tür ein, in der wir uns von einheimischen und ausländischen Freunden verabschieden konnten. Es waren schöne Stunden mit vielen Tränen. Kurz vor Mitternacht weckte ich die Kinder für die Fahrt zum Flughafen. Die Kinder gingen von Raum zu Raum, um sich von unserem Zuhause zu verabschieden und wir versammelten uns ein letztes Mal zum Gebet in unserem Wohnzimmer mit der Freundin, die mir den ganzen Tag geholfen hatte, mit Luemel und dem Kollegen, der am ersten Abend gesagt hatte, dass er uns nicht alleine lassen würde, falls Daniel nicht nach Hause käme. Dann verließen wir unser geliebtes Gastgeberland und flogen in ein benachbartes Land. Daniel und Jack holten uns am Flughafen ab. Wir waren wieder vereint!

Ratschläge aus meiner Erfahrung

Für den Ehepartner oder Mitarbeiter

1. Leben Sie immer mit Rechenschaftspflicht und in Kontakt mit jemandem, der keine Angst hat, Ihnen regelmäßig die Wahrheit in Liebe zu sagen (Epheser 4,15).
2. Wiederholen und adaptieren Sie regelmäßig ihre Notfallpläne, alle Passwörter und wichtigen Telefonnummern.
3. Haben Sie eine Packliste für eine run-bag* (Tasche zum schnellen Aufbruch) bereit und eine andere Liste, falls es Ihnen erlaubt ist, ein Gepäckstück mit 20 Kilogramm pro Person mitzunehmen.
4. Treffen Sie ein Abkommen mit ihrem Partner oder Team, wie Sie eine solche Situation handhaben sollten. Zum Beispiel, ob Sie eine Freilassung des Gefangenen so schnell wie möglich anstreben oder ob es am wichtigsten ist, im Land zu bleiben.
5. Legen Sie die Schritte und Prioritäten für Ihre Familie von Anfang an fest, damit sie auch dann durchhalten, wenn es längere Zeit dauern sollte.
6. Lassen Sie sich und ihre Familie von einem Bruder auf dem Feld beschützen.

Für denjenigen, der am ehesten in Gefahr steht, festgenommen zu werden.

7. Über die Jahre hatte Daniel einige Vertrauenspersonen, denen er von seinen Kämpfen und Träumen erzählte. Sie kannten alle bedeutenden Dinge, die sich in Daniels Leben abspielten und sie halfen ihm, schwierige Entscheidungen zu treffen. Diese Männer waren mir eine große Hilfe, während Daniel im Gefängnis war, weil sie mich durch diese Prüfung hindurch coachen und in den vielen Entscheidungen, die ich zu machen hatte, beraten konnten. Dabei konnte ich darauf vertrauen, dass sie Daniels Wünsche kannten.

Für die sendende Organisation*

8. Unsere sendende Organisation* hatte ein Krisenmanagement-Team, das vom ersten Tag an bereit stand, uns zu dienen. Dieses half uns, alle

Informationen zu bewältigen, beriet uns in den vielen Entscheidungen, die zu treffen waren, betete für uns und ermutigte uns. Es unterstützte auch unsere Heimatgemeinde* und die Verwandten in unserem Heimatland.

Für die Freunde, vor Ort und in weiter Entfernung

9. Es war besonders ermutigend für uns, Mitteilungen, Bibelverse, Worte vom Herrn aus Gebetszeiten, E-Mails, Geschenke und Gaben zur Unterstützung zu bekommen. Es ist wichtig, daran zu denken, dass es der Person, die diese unterschiedlichen Liebesbeweise erhält und durch Ihre Freundlichkeit sehr gesegnet wird, wahrscheinlich nicht möglich sein wird, darauf zu antworten. Manchmal erhielt ich über 100 E-Mails pro Tag, daher konnte ich viele von ihnen nicht beantworten. Beachten Sie auch, dass die Mitteilungen und E-Mails vorsichtig formuliert sein sollten, da unsere gesamte Korrespondenz unter der Überwachung des Sicherheitsdienstes stand.

Für die Eltern der Inhaftierten

10. Es machte einen großen Unterschied, dass unsere Eltern zu uns standen und unsere Entscheidungen unterstützten. Sie äußerten nie Zweifel oder entmutigten uns in den Entscheidungen, die wir trafen. Wenn wir mit ihnen telefonisch Kontakt aufnahmen, hatten sie für Lea und Ezechiel nur ermutigende und bestätigende Worte und gaben ihnen in keinerlei Weise das Gefühl, dass etwas falsch wäre.

Kapitel 17

Brief eines Freundes

Nachstehend folgt der Brief, den Jack unserer Familie schickte. Der Herr verwendete diesen sehr stark, um viele Menschen zu ermutigen, im Besonderen aber Ezechiel und Lea.

Wenn Papa für seinen Glauben ins Gefängnis kommt

6. Oktober 2012 … Gestern dachte ich darüber nach, wenn ich im Gefängnis wäre, was würde ich mir wünschen, dass es jemand meinen Buben erzählt. Ich hätte gerne, dass sie folgendes wüssten:

1. Gott liebt und vertraut deinem Papa genug, dass er ihn ins Gefängnis sendet

In Markus 1,10 kommt der Heilige Geist auf Jesus. In Markus 1,11 sagt Gott: „Du bist mein geliebter Sohn, an dir habe ich große Freude." Und dann im nächsten Vers trieb der Geist Jesus in die Wüste – wo Engel Ihm dienten. Dein Papa ist im Gefängnis, weil Gott ihn liebt und ihm vertraut und Gott wird Engel senden, deinem Papa zu dienen.

2. Gott hat alles vollkommen unter Kontrolle

In Johannes 19,10 sagt Pilatus zu Jesus: „Sprichst du nicht mit mir? Weißt du denn nicht, dass ich die Macht habe, dich freizulassen oder dich zu kreuzigen?"

Jesus antwortet (Johannes 19,11): „Du hättest keine Macht über mich, wenn sie dir nicht von oben gegeben wäre. Deshalb hat der, der mich dir ausgeliefert hat, die schwerere Sünde begangen." Regierungen, Polizei und Sicherheitsdienste, alle verhalten sich wirklich streng und furchterregend, aber die Autorität, die sie besitzen, haben sie nur, weil Gott sie ihnen gegeben hat. Im Vergleich zu Gott sind sie machtlos. Gott könnte sie in einem Augenblick absetzen oder zerstören. Gott ist stärker als jedes alberne, schwache System von Sicherheitspolizisten. Auch wenn sie so aggressiv und furchteinflößend agieren – denk daran, in den Augen Gottes sind sie nichts und haben keine Macht.

Ich stelle mir gerne vor, wie David über Goliath steht – der sich vor ihm hoch aufbaut. Hinter Goliath ist diese massive runde Form, die Goliath winzig erscheinen lässt – es ist Gottes große Zehe! Gott kann böse Mächte ohne Mühe zerstören und die Tatsache, dass das Böse überhaupt eine Macht hat, gibt es nur weil „der Gott des Friedens" es für eine gewisse Zeit zugelassen hat, aber er „wird den Satan bald unter eure Füße zwingen und zertreten" (Römer 16,20).

3.   Schlimme Dinge passieren guten Menschen, damit Gott verherrlicht wird

In Johannes 9,3 begegnet Jesus einem Mann, der von Geburt an blind war. Er wurde gefragt, wessen Schuld es gewesen sei. Jesus antwortete: „Es lag nicht an seinen Sünden oder den Sünden seiner Eltern. Er wurde blind geboren, damit die Kraft Gottes an ihm sichtbar werde." Dein Vater hat nichts falsch gemacht. Tatsächlich hat er das getan, was er tun soll: allen überall von Jesus erzählen! Du solltest sehr stolz sein, dass dein Vater festgenommen wurde – es ist ein Zeichen seines Gehorsams gegenüber dem Gebot Jesu, Ihn allen Völkern zu verkündigen und unter allen Völkern zu verherrlichen. Gott wird diese schwierigen Umstände für Seine Ehre verwenden.

Wir wissen nicht, wie lange die Gefängniszeit dauern wird, wir wissen nicht einmal, wie sie für uns ausgehen wird – aber das ist nicht wirklich wichtig – wirklich wichtig ist, dass Gott die Ehre dadurch bekommt, dadurch wie dein Vater agiert, reagiert und durch das, was Jesus tut. Wenn du für deinen Papa betest, bete, dass er weiterhin so handelt, spricht und reagiert, dass die Werke Gottes durch ihn sichtbar werden.

4.   Unser Gott ist ein Rettergott

In Daniel 3,17 sollen drei hebräische junge Männer in den Feuerofen geworfen werden. Sie sagen zum König: „Wenn der Gott, den wir verehren, es will, kann er uns ganz bestimmt retten." Sie wussten, dass Gott immer fähig ist zu retten. Das gilt auch für dich – unser Gott kann deinen Papa aus dem Gefängnis holen. Das ist ein Leichtes für Jesus. Ich bitte, vertraue und glaube mit dir, dass Gott das bald tun wird.

„Aber…" sprachen die drei hebräischen jungen Männer weiter (Daniel

3,18): „selbst wenn er es anders beschlossen hat ... wir werden deine Götter niemals verehren..." Gott errettet seine Kinder auf einem dieser drei Wege:

a. **Entkommen** – Er holt uns aus schwierigen Situationen heraus (wie die Apostel in Apostelgeschichte 5,19 und Petrus in Apostelgeschichte 12,10 durch übernatürliche Befreiung aus dem Gefängnis).

b. **Erdulden** – Gott hilft uns, in schwierigen Zeiten im Gefängnis und in Leiden durchzuhalten (wie Joseph viele Jahre im Gefängnis, Jeremia am Boden des Brunnens, Paulus viele Jahre im Gefängnis in Rom).

c. **Ewigkeit** – Gott nimmt uns nach Hause in den Himmel, wo wir für immer von allem Bösen errettet sind – Schaden, Schmerzen, Traurigkeit, Krankheit und Verlust.

Wir können uns nicht immer aussuchen, wie Gott uns errettet (und es ist natürlich ganz normal das „Entkommen" zu wünschen) aber wir haben diese Zuversicht: GOTT ERRETTET IMMER! Gott gewinnt am Ende immer! Unser Gott WIRD uns erretten.

5.   Das Leid, das deine Familie erlebt, ist normal

Was ihr als Familie erlebt, (dein Papa, deine Mama, ihr Kinder) ist das normale christliche Leben für alle, die Jesus radikal nachfolgen. Ihr seid keine Ausnahme (weder im negativen Sinn – dass auf euch herumgehackt wird, noch im positiven Sinn – dass ihr besser seid, als alle anderen. Die Bibel sagt in Philipper 1,29 „Denn ihr habt nicht nur das Vorrecht, an Christus zu glauben, ihr dürft auch für ihn leiden." Und in 2. Timotheus 3,12: „Jeder, der an Christus Jesus glaubt und ein Leben zur Ehre Gottes führen will, wird Verfolgung erleben."

In der ganzen Geschichte, in jeder Nation, haben Männer und Frauen, Mütter und Väter, Mädchen und Buben für Jesus gelitten und leiden jetzt für Ihn. Du bist nicht allein und einige hat es viel schlimmer getroffen als dich, viel schlimmer als deinen Vater. Im Heiligen Geist bist du in inniger Weise mit einer großen Armee an Nachfolgern Jesu verbunden, die das Vorrecht bekommen haben, für Jesus zu leiden. Willkommen in der Familie! Der Familie, die Jesus so sehr liebt, dass es ihr eine Ehre ist, um Seinetwillen zu leiden!

Als die Apostel eingesperrt und geschlagen wurden, waren sie „voller Freude darüber, dass Gott sie für würdig gehalten hatte, für den Namen von Jesus zu leiden" (Apostelgeschichte 5,41) und sie reagierten, indem sie nicht aufhörten „täglich im Tempel und in den Häusern die Botschaft zu verkünden, dass Jesus der Christus sei" (Apostelgeschichte 5,42). Leiden machte sie mutiger. Sie hörten nicht auf, Jesus überall zu verkünden. Jesus schaut offensichtlich auf deine Familie, hat eine tiefe Liebe zu euch, vertraut euch völlig, so sehr, dass Er sagt: „Seht auf Diese! Sie sind es wert, um meines Namens willen zu leiden. Ich vertraue ihnen, dass sie weiterhin über mich lehren und predigen werden!" O, wie sehr der Himmlische Vater dich liebt und dir vertraut!

6.   Auf Satan solltest du zornig sein, nicht auf die Leute, die deinen Vater ins Gefängnis gesteckt haben

In Lukas 23,34 als Jesus gekreuzigt wird, sagt er: „Vater, vergib diesen Menschen, denn sie wissen nicht, was sie tun!" Eigentlich sind die Menschen (und die Volksgruppe* und das Land, das sie repräsentieren), die deinen Vater ins Gefängnis gesteckt haben, nicht auf ihn böse, sondern auf Jesus – auch wenn sie das nicht wissen. Alle falschen Religionen leugnen, dass Jesus Gott ist und der Teufel stachelt sie an (oft sind sich die Menschen dessen nicht bewusst), jeden anzugreifen, der glaubt, dass Jesus Gott ist, und Ihn als den einzigen Weg der Errettung verherrlicht.

Wenn Menschen uns schmerzhafte Dinge zufügen, ist es wichtig zu erkennen, dass die Quelle ihres Zornes ihre Angst ist – die Angst des Teufels, da er weiß, dass Jesus der Sieger ist und er hasst Jesus. Wenn wir das verstehen, hilft es uns, unseren Zorn auf Satan zu richten und nicht auf die wertvollen Menschen, unter denen wir leben. Denk immer daran, dass die Menschen unter denen du lebst, für Jesus wertvoll sind. Sie sind Opfer der Lügen Satans. Wir vergeben ihnen, weil sie nicht wirklich wissen, was sie tun. Sie erkennen nicht, dass sie eigentlich gegen den Geist Jesu kämpfen, der in uns ist – das ist ein Kampf, den sie nicht gewinnen können. Wir lieben sie, denn wir erkennen, obwohl ihre Hände uns Schmerzen zufügen, ist der Urheber ihrer bösen Taten der Teufel.

7.   Dein Vater möchte, dass du normal weiterlebst und tatsächlich Freude erlebst!

In Johannes 19,26-27, als Jesus am Kreuz in großen Nöten war, galt Seine große Sorge Seinen Freunden und Seiner Familie. Dein Vater (ganz gleich ob er für eine kurze oder längere Zeit von dir genommen ist) wünscht dir, *dass du ein gutes Leben hast und das Leben liebst.* Manchmal fühlen wir uns schuldig, wenn wir lachen und normale Dinge unternehmen und Spaß haben, während unser Vater im Gefängnis ist. Wir können Schuldgefühle dabei haben, wenn wir lachen, Freunde besuchen, Fußball spielen und unser Leben normal weiterlaufen lassen – während wir im Inneren wissen, dass unser Vater nicht da und das Leben nicht normal ist.

Es gibt eine Zeit zum Weinen, zum Trauern und ihn zu vermissen, aber Freude und Kummer sind keine Gegensätze.

Dein Vater wünscht sich für dich, dass du unbeschwert lebst und er würde sich sehr freuen, wenn du weiterhin das Leben ergreifst und Freude findest, trotz deines Kummers. Es gibt eine Zeit zum Weinen, zum Trauern und ihn zu vermissen, aber Freude und Kummer sind keine Gegensätze. Sie können zusammengehören. Du kannst den Kummer, deinen Vater zu vermissen und die Lebensfreude und den Spaß im Leben mit dir tragen – und das ist keine Heuchelei. Lachen und Tränen sind Geschwister. Sie sollen miteinander leben. Der perfekte, sündlose, ewige Jesus hat sowohl gelacht als auch geweint.

Wenn wir lachen, wenn wir mit den normalen Tätigkeiten des Lebens, trotz außerordentlicher Umstände weitermachen, wenn wir in unserem Kummer lachen, senden wir zwei Botschaften:

1. Wir sagen Gott, so sehr wir unseren irdischen Vater auch lieben, lieben wir unsern Himmlischen Vater noch mehr und wir vertrauen Ihm. Das freut Ihn. Wenn wir Jesus trotz unserer Schwierigkeiten preisen, wenn es uns etwas kostet, Ihn zu preisen und Ihm zu vertrauen (jubelnd will ich ihm Opfer darbringen – Psalm 27,6) erfreuen wir unseren Himmlischen Vater gewaltig.

2. Wir vermitteln dem Teufel, dass er ein Verlierer ist, dass er niemals gewinnen kann. Jesus wird siegen, der Teufel wird verlieren und wir feiern das Endergebnis selbst während wir noch inmitten des schmerzhaften Kampfes stecken. Du wirst deinen Himmlischen und deinen irdischen Vater am meisten ehren, indem du ein gutes Leben führst und fröhlich lachst – neben deinem Kummer.

Schlussfolgerung:

Jesus liebt dich so sehr, und dein Vater liebt dich so sehr. In seinem Gefängnis denkt er nicht an seinen Dienst oder gar an seine Freunde oder die Menschen, die er zu Jesus geführt hat. Weißt du über wen dein Vater die meiste Zeit nachdenkt? Über DICH! *Dein Vater betet für dich und erinnert sich an all die guten Zeiten, die ihr miteinander verbracht habt und lacht über alle lustigen Dinge, die du gemacht hast, als du klein warst. Er fragt sich, wie es dir in der Schule geht und hofft, dass du heute Morgen nicht vergessen hast, deine Zähne zu putzen. Er vermisst seine Frau und seine Kinder mehr als alles andere.*

Dein Vater wünscht sich, dass du wiederum weißt, dass du ihm wichtiger bist, als irgendein anderer Mensch oder irgendeine Arbeit, die er getan hat. Er liebt dich, liebt dich, liebt dich. Du bist sein Stolz und seine Freude. Er kann dich vielleicht nicht sehen oder umarmen oder überhaupt mit dir sprechen, aber sein Geist sendet eine beständige Botschaft. Dein Vater sagt: „Ich liebe dich, Ich liebe dich, ich liebe dich. Du bist mein geliebtes Kind. An dir habe ich mein Wohlgefallen."

Also Ezechiel und Lea, ihr erlebt herausfordernde Tage, aber ihr werdet es schaffen! Ihr werdet es schaffen, weil Gott gut ist und Er euch liebt, weil euer Vater und eure Mutter euch lieben, weil eure Onkel und Tanten und Freunde auf der ganzen Welt euch lieben und für euch beten.

Euer Vater wünscht sich, dass ihr LEBT *und* LIEBT *und* LACHT. *Ihr werdet ihm am meisten Freude machen, wenn ihr euren Kummer mit Freude mischt und beides aushaltet und Jesus vertraut, dass Er euch hilft. Unternehmt weiterhin die gewöhnlichen Dinge des Lebens (indem ihr wisst, euer Vater würde das wollen, tut das sogar für ihn) und in den ruhigen Zeiten, wenn ihr ihn am meisten vermisst und seine Abwesenheit spürt, ist es okay zu weinen. Vielleicht könnt ihr ihm in solchen Zeiten in eurem Tagebuch einen Brief schreiben und ihm die Dinge sagen, die ihr sonst niemandem erzählen könnt. Erzählt ihm die einfachen Dinge, erzählt ihm die ernsten Dinge. Betet für ihn (und eure Mutter) und ruht dann in der Gewissheit, dass euer Vater euch sehr, sehr lieb hat und dass er Jesus so liebt, dass dieser Trennungsschmerz (den ihr alle erlebt) es wert ist, weil Jesus es wert ist.*

Wir sind so stolz auf euch.
Wir lieben euch so sehr.

Kapitel 18

Ezechiels Geschichte

Ich heiße Ezechiel. Ich war 13 Jahre alt, als mein Papa im Gefängnis war. Während dieser Zeit hatte ich viele Gedanken und Gefühle. Diese Zeit in meinem Leben hat mir geholfen, Gott näher zu kommen. Mein Papa ist dieser Situation mit Mut begegnet. Ich bin stolz auf meinen Papa.

Eines Nachmittags, als mein Papa von seinem Kurs, um ein diplomierter Englischlehrer für Erwachsene zu werden, nach Hause kam, fragte er mich, ob ich ihn in das Englisch-Zentrum* im Obergeschoß begleiten wolle. Ich ging gerne mit. Wir kamen in dem Zentrum an. Dort waren Männer, die Papa sofort aufforderten, mit ihnen in einem separaten Raum zu sprechen. Ich erkannte sie als Sicherheitsbeamte.

Nach ungefähr zehn Minuten kam mein Papa heraus und hatte einen Gesichtsausdruck, der mir zeigte, dass irgendetwas passierte. Er wies mich an, nach unten zu laufen, meinen kleinen Laptop und mein Telefon zu holen und ihm zu bringen. Ich rannte nach unten. Während ich das Telefon und den Computer holte, erzählte ich meiner Mama schnell, was Papa gesagt hatte. Ich verließ das Haus wieder.

Papa wartete schon mit den anderen Männern bei der Tür. Ich gab ihm die zwei Dinge. Papa verabschiedete sich kurz von unserer Familie und ging. Eine Minute nachdem er weggegangen war, fiel mir ein, dass er vielleicht das Passwort meines Handys nicht kannte. Ich lief aus dem Haus und folgte den Männern. Ich sagte ihm den Code in unserer Muttersprache. Dann fuhren sie ab. Das war das letzte Mal für 18 Tage, dass ich ihn sah.

Ich ging zurück nach Hause. Ich war verwirrt. Ich war ein bisschen böse und zornig auf diese Männer, die meinem Papa befahlen, mitzukommen. Ich hatte Angst. Ich wusste nicht, was jetzt passieren würde. Wir aßen zu Abend und gingen schlafen, ohne zu wissen, was als nächstes passieren würde.

Der nächste Tag war ein Schultag. Wir gingen wie gewöhnlich zur Schule. In der Schule schweiften meine Gedanken immer ab zu dem, was

am Vortag passiert war. Ich fragte mich viele Male: „Was wird als nächstes
passieren?" Die nächsten fünf Tage waren wie dieser.

Am sechsten Tag schickte Jack, einer von Papas Freunden, meiner Mutter ein E-Mail mit einem Brief an meine Schwester und mich. Er sagte: „Gestern dachte ich darüber nach, wenn ich im Gefängnis wäre, was würde ich
mir wünschen, dass es jemand meinen Buben erzählt. Ich hätte gerne, dass
sie folgendes wüssten." An diesem Abend las unsere Mama uns den Brief vor.
Dieser Brief hat mich wirklich ermutigt. Er versicherte mir, dass Gott wirklich
alles unter Kontrolle hatte. Er liebte mich, er liebte meinen Papa und er liebte
meine Familie. Ich erkannte, dass unsere Familie Gott dadurch verherrlichte,
indem wir für Ihn litten. Ich wurde darin versichert, dass mein Papa eines Tages befreit würde, entweder durch Entkommen, durch Erdulden oder in der
Ewigkeit. Wir waren nicht die einzigen, die für Jesus litten. Viele Menschen
waren in einer Situation, die viel schlimmer war als unsere. Dieser Brief half
mir, meinen Zorn auf die Sicherheitsbeamten aufzugeben, ich versuchte, sie
zu lieben, sie zu segnen und für sie zu beten. Ich hatte kein schlechtes Gewissen mehr, wenn ich an etwas wirklich Freude hatte. Ich lernte, dass mein Papa
wirklich wollte, dass ich glücklich war und Spaß hatte. Dieser Brief half mir
wirklich, die nächsten 51 Tage ohne meinen Papa zu überstehen.

Vor diesem Brief fiel es mir ziemlich schwer, meine Mama zu respektieren und zu meiner Schwester nett zu sein. Die nächsten paar Tage waren
leichter für mich. Wir gingen wie gewöhnlich zur Schule. Manchmal gingen wir zu Freunden, weil unsere Mutter herum fuhr, um herauszufinden,
was mit unserem Vater war. Meine Schwester und ich genossen diese Besuche echt. Wie meine Mama bereits erwähnte, gab es einen jungen Mann,
der in unserer Wohnung lebte. Ich nannte ihn Luemel. Er spielte mit uns
zusammen und verbrachte viel Zeit mit Lea und mir. Wir genossen mehrere Eiscremes mit Luemel. Mein Freund aus der Nachbarschaft kam, um
mit mir zu spielen. Er wusste nichts über die Situation. Wir hatten ein paar
Hühner gemeinsam. Wir versuchten unseren Alltag weiter zu leben.

Meine Mama fand heraus, wie wir Kleidung und Essen für unseren
Papa abgeben konnten. Sie fand auch heraus, dass das Gesetz erlaubte, nach
15 Tagen einen Antrag zu stellen, um einen Gefangenen zu besuchen. Wir
stellten eine Antrag, unseren Vater zu sehen. Ein paar Tage später kam ein
Telefonanruf und es wurde uns gesagt, dass der Antrag bewilligt worden
war. Ich war so aufgeregt.

Am 18. Tag fuhren wir hin, ihn zu besuchen. Wir kamen beim Gefängnis an. Die Sicherheitsbeamten brachten uns in einen kleinen Raum mit einer Couch und ein paar Sesseln. Dann gaben sie Anweisungen, unseren Vater zu bringen. Die Tür wurde angelehnt gelassen. Nach einer Weile hörten wir Stimmen und Schritte. Papa! Wir sahen ihn früher als er uns! Er war ziemlich blass, hatte längere Haare als sonst und war nicht rasiert. Das schockierte mich ein bisschen. Er schaute die Wachen etwas verwirrt an. Der Blick wirkte wie: „O, nein, werden sie mich wieder verhören?" Als er in den Raum trat, erhellte sich sein Gesicht. Er hatte uns überhaupt nicht erwartet. Er war so glücklich und setzte sich sofort zwischen mich und meine Schwester. Er begann, uns am Bauch zu reiben. Er wiederholte immer wieder, dass er uns lieb habe. Er sagte, dass Gott sehr viel zu ihm sprechen würde und dass Gott alles unter Kontrolle habe. Er sagte, dass er gut behandelt werde. Das half mir sehr, die schwierige Zeit zu überstehen. Papa forderte uns auch auf, für die kommenden Schulferien in ein nettes Hotel zu gehen. Wir sagten ihm, dass wir ihn nur alle 20 Tage besuchen durften. Dann verabschiedeten wir uns und verließen das Gefängnis.

Die nächsten paar Tage waren wieder hauptsächlich gewöhnliche Schultage. Meine Mama versuchte, unser Leben so normal wie möglich zu belassen. Wir hielten zum Beispiel die gleichen Essenszeiten ein. Wir konnten unser normales Leben nicht vollkommen gleich weiterlaufen lassen, vor allem weil Papa nicht bei uns war. Jedes Mitglied spielt eine große Rolle in einer Familie. Den Menschen fällt besonders auf, welche Rolle die anderen spielen, wenn sie nicht da sind. Das war so eine Situation. Wir hatten alles gepackt, was wir mitnehmen mussten, falls die Sicherheitspolizei plötzlich sagen würde, dass wir ausreisen müssten. Das ist auch ein Punkt, warum es etwas schwieriger war, normal zu leben, aber es half wirklich, die Sorge loszuwerden, dass wir nicht genug Zeit haben würden, alles einzupacken, wenn wir plötzlich ausreisen müssten.

Nach ungefähr 15 Tagen stellte Mama wieder einen Antrag, Papa zu besuchen. Die Sicherheitspolizei stimmte zu und sagte, dass wir ihn am 31. Tag seiner Haft besuchen konnten. Ich war glücklich, aber ich war nicht sicher, ob ich ihn wirklich besuchen gehen wollte. Nach dem ersten Besuch vermisste ich ihn mehr als vorher. Ihn zu sehen bewirkte, dass ich ihn sehr stark vermisste.

Meine Mama hatte den Eindruck, dass Gott ihr gesagt habe, unsere

Zeit in diesem Land sei für den Moment vorbei. Sie sprach darüber mit einigen sehr engen Freunden meines Vaters. Sie hatten die gleichen Gedanken. Wir nahmen uns vor, ihm das bei unserem nächsten Besuch zu sagen. Beim letzten Mal hatten die Sicherheitsbeamten mir und meiner Schwester erlaubt, in unserer Muttersprache mit Papa zu reden. Mama bereitete meine Schwester und mich darauf vor, Papa zu sagen, dass wir dachten, unsere Zeit in dem Land sei zu Ende. Sie erklärte uns, was wir Papa sagen sollten, wenn wir wieder in unserer Muttersprache reden konnten. Sie sagte auch, dass wir ihm ein Lied in unserer Muttersprache vorsingen könnten, wenn es nicht möglich wäre, mit ihm zu reden. Wir hatten uns vor Ort ein Lied ausgedacht, das alle Dinge beinhaltete, die Mama ihm sagen wollte.

Wir bereiteten uns vor, ihn zu besuchen. Ich war sehr glücklich. So fuhren wir zum Gefängnis. Wieder warteten wir in dem Raum, wo wir beim letzten Besuch gewesen waren. Dieses Mal hatte Papa uns erwartet. Er kam herein, grüßte die Sicherheitsbeamten und uns schnell. Er setzte sich zwischen mich und meine Schwester. Anders als letztes Mal setzte er sich aufrecht hin und begann, sofort zu uns zu sprechen. Er sagte ungefähr Folgendes in unserer Muttersprache zu uns: „Okay, Ezechiel und Lea, ich werde euch jetzt etwas sagen und Mama muss sehr genau zuhören. Ich werde Mama sagen, was ich möchte, dass sie tut. Ich möchte, dass du…" Papa schaute uns an und tat so, als spräche er mit uns, aber in Wirklichkeit teilte er Mama seine Gedanken mit. Er sprach wie ein Nachrichtensprecher, weil er einen Gedanken an den anderen reihte, ohne dass Lea und ich überhaupt unsere Meinung sagen konnten. Wir nickten jedoch und sagten „Ja!", damit es so aussah, als würde Papa wirklich mit uns reden.

Nach ungefähr fünf Minuten entspannte sich Papa und lehnte sich aus seiner aufrechten Sitzposition auf dem Sofa zurück. Er fing an zu erzählen, wie sehr er uns liebte und wie Gott zu ihm redete. Wieder rieb er uns am Bauch. Ich sagte Papa, dass wir auch dachten, es wäre gut, wenn wir versuchten, das Land zu verlassen. Ich dachte, es wäre gut, wenn Papa das auch wusste. Als ich ihm das sagte, freute er sich sehr. Die restliche Besuchszeit genossen wir es einfach, Zeit mit ihm zu verbringen.

Wir gingen fröhlich aus dem Gefängnis weg, weil wir Papa gesehen hatten. Wir gingen auch traurig weg, weil wir Papa wirklich vermissten. Ich war auch traurig, weil ich wusste, dass wir bald das Land verlassen würden.

In den nächsten Tagen begannen wir, unsere Sachen in Stapeln aufzutürmen. Wir beschrifteten die Stapel mit „zu verkaufen", „als Geschenk zu vergeben" oder „an ... weiterzugeben". Falls wir das Land sehr plötzlich verlassen müssten, wollten wir mehr Zeit mit dem Verabschieden als mit Packen verbringen. Wir bereiteten uns darauf vor, das Land zu verlassen.

Die Zeit für einen weiteren Besuch kam. Dieses Mal gab es nichts Wichtiges, was wir unserem Vater zu sagen hatten, außer: „Wir lieben dich und vermissen dich!" Ich freute mich auf diesen Besuch. Wie die vorigen Male, wusste ich, dass ich Papa nach dem Besuch noch mehr vermissen würde, aber es war einfach mein Wunsch ihn zu sehen. Wieder fuhren wir ins Gefängnis und warteten in demselben Raum wie die anderen beiden Male. Wieder saß ich neben Papa während des Besuchs. Eine Sache an die ich mich erinnere ist, dass ich diesen guten Stolz verspürte. Ich war sehr stolz auf meinen Vater. Ich wusste, dass Gott während dieser Zeit viel zu ihm redete. Ich war einfach stolz. Das war am 50. Tag von der Zeit, die mein Papa bei der Sicherheitspolizei verbrachte.

Die nächsten sechs Tage waren wie jene vor dem Besuch. Ich vermisste Papa so stark. Der 57. Tag seiner Haft war ein weiterer Schultag. Die Klasse meiner Schwester brach zu einem dreitägigen Ausflug (zwei Nächte) in die Wüste auf. Nach dem Schultag hatte ich ein Fußballspiel gegen eine andere Schule. Mamas Freunde kamen, um mir beim Spiel zuzuschauen und mich dann nach Hause zu bringen. Unsere Schule gewann dieses Spiel fünf zu drei. Nach dem Spiel erklärten mir Mamas Freunde, dass Mama auf der Polizeistation wäre und Papa auch dort sei. Sie brachten mich nach Hause. Mama kam kurz danach und erklärte mir, dass Papa okay sei, aber jetzt in einer Polizeistation wäre. Wir müssten ihm etwas bringen, worauf er schlafen könne.

Wir kamen in der Station an. Überall gingen Menschen herum. Wir konnten ihm die Sachen zum Schlafen geben. Wir gaben ihm auch eine Tasche, in der ein Telefon war. Der Wachebeamte sah das Telefon und wollte es nicht durchgehen lassen. Wir gaben ihm auch eine Gymnastikmatte. Mein Vater sagte dem Beamten, er könne die Matte haben, wenn er ihm das Telefon gebe. Der Mann stimmte zu. Ich fand meinen Papa lustig. Dann fragte Papa mich sogar, ob ich Lust hätte, eine Nacht bei ihm im Gefängnis zu schlafen. Ich dachte, es würde nett sein, aber ich hatte am nächsten Tag Unterricht. Und auch wenn ich im Gefängnis hätte bleiben wollen, hätte der Wachebeamte es nicht erlaubt. An diese Situation erinnere ich mich noch sehr gut. Ich freute mich, dass es mir möglich war, Papa zu sehen.

Der nächste Tag war wieder ein Schultag. Ich fuhr in die Schule und kam wieder nach Hause. Luemel wartete da auf mich. Er sagte mir, dass Papa diese Nacht das Land verlassen würde. Ich war sehr glücklich. Mama kam zurück und erklärte, dass wir in der darauf folgenden Nacht ausreisen würden, nicht gemeinsam mit Papa, weil Lea noch in der Wüste war. Ich hatte viele Hausaufgaben über das Wochenende. Ich sagte Mama, dass ich sie nicht machen müsste, weil der nächste Tag der letzte Tag in meinem geliebten Land war! Wieder fuhr ich mit Mama zur Polizeistation, weil wir Papa in irgendeiner Sache helfen mussten.

Diese Nacht wurde eine sehr verrückte, aber lustige Nacht. Ich kam ungefähr um neun Uhr nach Hause. Ich setzte mich an den Computer und schrieb eine E-Mail an alle meine Klassenkameraden, um ihnen mitzuteilen, dass ich am nächsten Tag das Land verlassen würde. Ich war fasziniert, wie viele Menschen um diese Zeit ihre E-Mails kontrollierten und beantworteten. Danach ging ich zu einem Nachbarn, meinem besten einheimischen Freund. Ich gab ihm einige der Sachen, mit denen wir in unserer gemeinsamen Zeit miteinander gespielt hatten. Er sagte, dass gerade ein Fußballfinale zwischen den wichtigsten gegnerischen Teams des Landes lief. Wir schauten uns das Spiel gemeinsam an. Ich genoss es wirklich. Das war ein guter Weg, mich von meinem Freund zu verabschieden. Um elf gingen wir zu meinem Haus zurück. Wir unterhielten uns eine Weile. Als er fort war, wurde ich wirklich traurig. Mama und ich gingen, um jemanden zu sagen, dass wir das Land verließen. Als wir zurückkamen, nahm ein Mann viele unserer Gewürze mit. Er ging um zwölf Uhr Mitternacht weg! Danach brachen wir zum Flughafen auf, um Papa sein Gepäck zu bringen. Wir erreichten den Flughafen um ein Uhr morgens. Ungefähr um halb zwei Uhr brachten die Sicherheitsbeamten Papa zum Flughafen. Wir verabschiedeten uns und fuhren weg. Schließlich ging ich um drei Uhr morgens ins Bett.

Drei Stunden später wachte ich auf, um in die Schule zu gehen. Für diesen Tag war eine Kunst-Exkursion in das Nationalmuseum geplant. Wir brachen zu Beginn des Schultages auf. Der Freund, mit dem ich am engsten verbunden war, besorgte für mich ein Poster mit der Unterschrift von allen darauf. Das war wirklich nett. Wir kehrten zurück zur Schule. Mama holte mich und Lea ab und wir fuhren nach Hause. Wir packten die letzten Sachen zusammen. Leute kamen, um uns zu besuchen und sich zu verabschieden. Das war mein letzter Tag.

Lea und ich gingen etwas früher schlafen, denn wir würden um ein Uhr morgens aufstehen müssen, um zum Flughafen zu fahren. Wir fuhren zum Flughafen. Wir gingen an Bord des Flugzeugs. Ich erinnere mich, dass ich solange aus dem Fenster sah, bis ich keine Lichter von der Stadt mehr sehen konnte. Ich wusste, wir würden für längere Zeit nicht in dieses Land zurückkehren können. Wir flogen in ein benachbartes Land und ich freute mich über die Bäume. Aber ich persönlich habe lieber die heiße und trockene Wüste meines Landes. Die Wüste war mein ganzes Leben lang meine Heimat gewesen.

Der beste und sicherste Ort, wo ein Mensch sein kann, ist dort, wo Gott ihn haben möchte.

Ich war sowohl sehr glücklich als auch sehr traurig, als wir abflogen. Ich war sehr traurig, weil ich alle meine Freunde zurücklassen musste. Abschiede sind sehr hart. Ich musste die Wüste verlassen. Die schwierigste Sache war, den Ort zu verlassen, der für mich Zuhause war. Ich weiß aber, dass dies Gottes Plan ist. Der beste und sicherste Ort, wo ein Mensch sein kann, ist dort, wo Gott ihn haben möchte. Ich nehme Gottes Plan für unsere Familie gerne an. So verabschiedete ich mich. Wer weiß, ob Gott dich oder mich eines Tages in dieses Land rufen wird?

Meine Freude war, dass wir als Familie wieder vereint sein würden. In diesen zwei Monaten lernte ich wirklich zu verstehen, welche wichtige Rolle jedes Mitglied in einer Familie spielt. Wenn meine Schwester für eine Übernachtung zu einer Freundin gegangen war, fehlte etwas, aber die normale Situation trat schnell wieder ein. Wenn meine Mama oder mein Papa verreisten, fehlte auch etwas, aber ich wusste es würde bald wieder so sein, wie immer. Wir konnten immer per Skype in Kontakt treten. Ich nehme an, meine Familie empfindet das Gleiche, wenn ich nicht im Haus bin. In diesen Situationen fehlt schon etwas und man weiß, dass alles sehr bald wieder wie vorher sein wird. Als Papa im Gefängnis war, fehlte etwas in der Familie und ich wusste nicht, wann alles wieder in Ordnung sein würde. Mit Papa nicht reden zu können, machte die Sache noch schlimmer. Deshalb bin ich froh, dass das, was fehlte, wieder in Ordnung kam. Wir spielten viel mit Papa während unseres Urlaubs nach seiner Freilassung und auch heute noch.

Wie es oft in der christlichen Geschichte ist, wenn Christen in irgendeiner Weise verfolgt werden, wächst ihr Glaube sehr stark. So war es auch für unsere ganze Familie. Diese Situation hat geholfen, dass mein Vertrauen in Gott sehr gewachsen ist. In der Situation wusste ich, dass Gott die Kontrolle hat. Ich habe Gott in dieser Situation besser kennengelernt.

Was mir auch wirklich geholfen hat, war, dass nichts zwischen Papa und mir nicht in Ordnung war, als er wegmusste. Das wäre schrecklich gewesen, wenn ich nicht sicher gewusst hätte, dass alles zwischen uns in Ordnung war. Eine Hilfe für mich, diese Zeit durchzustehen, war auch, dass ich die Jugendbuch-Serie „Abenteurer Gottes" gelesen hatte. Diese Serie berichtet über Missionare* von früher, wie Adoniram Judson, Hudson Taylor, Jim Elliot, Amy Carmichael und viele andere. Ich lese sie noch immer. Diese Bücher halfen mir, weil sie aufzeigten, wie Missionare* für Christus leiden mussten. Sogar die meisten Apostel starben für Christus. Für Christus zu leiden, gehört dazu, wenn man ein Nachfolger Jesu ist. Zwei Monate für Jesus zu leiden ist eine Kleinigkeit im Vergleich zur Ewigkeit, die wir mit Ihm verbringen werden. Es war die Sache absolut wert.

Mama war eine weitere riesige Hilfe für mich in dieser Zeit. Sie hat mich immer ermutigt. Sie half uns, nicht auf die Sicherheitspolizei zornig zu sein, sondern sie zu lieben und ihr zu vergeben. Sie half uns, vom Land Abschied zu nehmen. In den letzten paar Tagen half sie uns, mit unseren Freunden zusammenzukommen und unsere Lieblingsorte im Land zu besuchen. Ich war sehr stolz auf Mama. Sie übernahm die Aufsicht für unsere Familie.

Wenn ich erwachsen bin, möchte ich wie mein Papa sein. Ich bin stolz auf ihn. Ich danke Gott, dass wir die Möglichkeit hatten, Ihn zu verherrlichen, indem wir für Ihn litten. Der Brief vom Freund meines Vaters hat mir wirklich geholfen diese Zeit zu bewältigen. Er hat auch bestätigt, was das Allerwichtigste in einer Situation wie dieser und zu jeder Zeit im Leben ist. Das ist: „Zu wissen, Gott hat alles unter Kontrolle und Er liebt dich so sehr."

Kapitel 19

Leas Geschichte

Ich heiße Lea. Ich war fast elf Jahre alt, als das alles passierte. Als mein Papa so lange im Gefängnis war, länger als je zuvor, merkte ich, wie Gedanken und Gefühle meinen Kopf und mein Herz bestimmen wollten. Jeden Tag passierten viele Dinge; manche waren leicht auszuhalten, andere waren schwierig. Alles zu überstehen und stark zu bleiben, war eine Entscheidung meines Herzens und nicht meiner Gefühle. Eine Sache, die mir wirklich geholfen hat, ist, dass Mama mich ermutigte, eine Art Tagebuch für meinen Papa zu schreiben. Ich begann am 14. Tag seiner Haft. Ich fing an, ihm täglich Briefe zu schreiben. Zu dieser Zeit hatten wir ihn seit dem Tag nicht mehr gesehen, an dem er festgenommen worden war.

Ich schrieb:

15. Oktober 2012

Lieber Papa,

wie geht es dir? Mir geht es gut. Wie sieht das Gefängnis aus? Bist du mit deinem Teamkollegen, der auch festgenommen wurde, in einem Raum? Hast du genug zu essen und zu trinken? Haben sie dir eine Bibel gegeben oder geliehen? Behandeln sie dich gut? Wie lange kannst du schlafen? Wo schläfst du?

In Liebe
Deine Tochter Lea

17. Oktober 2012

Lieber Papa,

ich bete sehr viel für dich. Ich weiß, dass Gott bei dir ist. Ich weiß auch, dass Gott immer das Beste für uns tut. Ich weiß auch, dass Gott uns etwas lehren möchte. Gott prüft uns. Gott macht uns immer fähig die Prüfung zu bestehen und macht sie nie zu groß. Deshalb bete ich so viel für dich.

In Liebe
Deine Tochter Lea

19. Oktober 2012

Lieber Papa,

ich bin sehr traurig, weil ich dich so sehr vermisse. Mama hat uns gesagt, es ist normal, dass wir traurig sind und uns manchmal Sorgen machen. Onkel Jack hat mir gesagt, dass ich mich freuen sollte, dass Jesus Vertrauen in dich hat, dich ins Gefängnis zu senden! Ich glaubte ihm und fragte Mama, ob sie für mich beten könnte. Nachdem sie für mich betete, fühlte ich mich so viel besser.

In Liebe
Deine Tochter Lea

21. Oktober 2012

Lieber Papa,

weißt du, was die Taube als Symbol für eine Bedeutung hat? Es bedeutet FRIEDE. Ich glaube, dass wir diese Situation friedlich bewältigen sollten. Gott möchte uns immer Seinen FRIEDEN geben, der anders ist als menschlicher FRIEDE. Deshalb glaube ich, dass wir uns immer nach dem FRIEDEN von Gott ausstrecken sollten.

In Liebe
Deine Tochter Lea

26. Oktober 2012

Lieber Papa,

guten Morgen! Wie geht es dir? Mir geht es gut. In der Nacht bin ich aufgewacht. Dann sah ich ein schreckliches Gesicht unten bei Mamas Füßen. Mein erster Gedanke war, zu beten. Ich betete und das schreckliche Gesicht verschwand. (Ich habe es nicht mehr gesehen.) Das hat mich wirklich sehr gefreut. Dann habe ich Gott angebetet und gelobt.

In Liebe
Deine Tochter Lea

27. Oktober 2012

Lieber Papa,

ich stelle mir dich vor, wie einen starken und mächtigen Löwen. Du bist wie der Löwe, der König aller Tiere ist. Du bist ein absolut zuverlässiger Verwalter und Leiter unserer Familie. Du stellst dich leichten und schwierigen Situationen für unsere Familie. Du bist auch unglaublich mutig. Du bist ein wunderbarer Vater für uns. Du liest so oft in der Bibel und du betest auch für uns. Du praktizierst alles, was in Galater 5,22 steht. Ich liebe dich und vermisse dich unbeschreiblich.

In Liebe
Deine Tochter Lea

5. November 2012

Lieber Papa,
guten Morgen! Wie geht es dir? Mir geht es gut. Erinnerst du dich, dass ich oft träume? Ich habe letzte Nacht geträumt, dass unser verhafteter Teammitarbeiter wieder bei seiner Familie ist. Danach träumte ich, dass auch du wieder bei uns bist. Nach diesem Traum wusste ich, dass wir das Land, in dem wir leben, verlassen müssen. Ich sah auch, dass unser Teamkollege früher bei seiner Familie

war, als du bei uns. Ich weiß nicht, wann sich dieser Traum erfüllen wird, aber ich weiß, dass es früher oder später eintreffen wird.

In Liebe
Deine Tochter Lea

Dass Luemel, „der jüngere Bruder meiner Mutter", bei uns wohnte, war auch eine große Hilfe. Er spielte mit uns, half mir bei den Hausaufgaben am Computer, fuhr uns zu Veranstaltungen und holte uns manchmal von der Schule ab. Wir lachten sehr viel miteinander, sogar inmitten der Bedrängnisse. Wir verbrachten auch viele Essenszeiten gemeinsam. Er war auch eine große Hilfe, weil er offensichtlich verstand, wie sehr wir unseren Vater vermissten. Wenn ich weinte, versuchte er mich zu trösten, was ihm manchmal gelang.

Jeden Freitag, nach dem Gottesdienst in der Internationalen Gemeinde, nahm sich eine meiner Lieblingslehrpersonen Zeit für mich und wir beteten! Dieser Lehrperson konnte ich alles und jedes anvertrauen.

Mit meiner Freundin Lily alles offen zu besprechen, war auch eine große Hilfe. Obwohl wir nicht in derselben Klasse waren, fuhren wir gemeinsam mit dem Schulbus. Dort hatte ich Gelegenheit, mit ihr zu reden. Da auch ihre Familie begann, Druck vonseiten der Geheimpolizei zu erfahren, konnte ich sie gleichzeitig ermutigen und beraten. Das letzte Mal, dass Lily zum Übernachten kam (wir wussten nicht, dass es das letzte Mal sein sollte…) machten wir eine richtige Party; an die werden wir uns immer erinnern und sie nie vergessen. Ich schrieb in mein Tagebuch:

25. November 2012

Lieber Papa,

guten Morgen! Wie geht es dir heute? Mir geht es 100 Prozent gut, aber ich bin auch ein bisschen müde. Gestern ist Lily zum Übernachten gekommen. Wir haben Waffeln mit Erdbeersauce, Schlagrahm und Puderzucker gegessen. Wir haben ein besonderes Spiel gespielt. Das geht so: Lily hatte zwei „chinesische Springseile" und Karten, die uns sagten, wie wir über die Seile springen sollten. Es war sehr lustig und hat mir viel Spaß gemacht. Du hät-

*test sehen sollen, wie ich es gemacht habe, weil ich nicht so gut
darin war und es wirklich lustig ausgesehen hat!*

In Liebe
Deine Tochter Lea

Am 57. Tag von Papas Haft unternahm die 6. Klasse einen Campingausflug zu den Pyramiden und in die „Berge", die im Grunde eine Aufhäufung riesiger Felsbrocken sind. Am Tag vorher (eigentlich meine letzte Tagebucheintragung, während Papa weg war) schrieb ich:

26. November 2012

Lieber Papa,

Wie geht es dir? Mir geht es gut. Ich bin sehr glücklich und aufgeregt, weil wir morgen auf Erlebnispädagogische (EP) Tage fahren. EP-Tage sind eine Exkursion, wenn die ganze Klasse einen Campingausflug macht. Unser Campingausflug dauert zwei Nächte und drei Tage. Am ersten Abend müssen wir um 9.30 Uhr im Bett sein und am zweiten Abend müssen wir um 9.45 Uhr im Bett sein, aber an beiden Abenden können wir auch früher schlafen gehen. An beiden Tagen müssen wir um 6.00 Uhr aufstehen.

In Liebe
Deine Tochter Lea

Am zweiten Tag, als wir das erste Mal in den „Bergen" kletterten, erhielt mein EP-Lehrer einen Anruf vom Schuldirektor. Im Anruf ging es um ein Kind, das wegfahren musste. Sofort wusste ich, dass es mich betraf. Als er das Telefongespräch beendete, ging ich zu ihm und bat ihn, sich 100 Prozent zu vergewissern, ob es wirklich um mich ging und ich wollte wissen, was er gehört hatte. Er sagte nur, dass meine Mutter mich später anrufen würde. Ich war fast sicher, das bedeutete, dass ich das Land verlassen musste. Als meine Mama später anrief, sagte sie mir, dass wir ausreisen müssten und dass Papa ausreisen und in dieser Nacht abfliegen müsse. Sie und Ezechiel würden aber auf mich warten und wir würden in der Nacht nach meiner Rückkehr abfliegen. Ich hörte auch Papas Stimme, die ich schon so lange nicht gehört hatte. (Er war vom Gefängnis zur Polizeistation überstellt worden). Ihre Stimmen zu hören, vor allem die von Papa, ermutigte mich sehr. Ich war 100% glücklich zu wissen, dass ich Papa sehr bald sehen würde, aber gleichzeitig war ich sehr traurig, das Land verlassen zu müssen, das sich am meisten wie Heimat anfühlte. Ich erzählte Lily, was Mama und Papa mir gesagt hatten und wir weinten gemeinsam bis wir nicht mehr konnten. Während wir weinten, rief Lily alle neugierigen Mädchen der 6. Klasse zusammen und erzählte ihnen, dass ich wegen irgendwelcher Probleme mit dem Visum das Land für immer verlassen müsse. Einer der Buben warf Ziegenmist nach uns, aber es machte uns überhaupt nichts aus. Keiner der Buben wusste, warum alle Mädchen weinten. Alle Lehrer erlaubten mir und Lily im selben Zelt zu schlafen, obwohl wir ursprünglich mit anderen Kameraden im Zelt waren. Die Buben versuchten die Mädchen zu ermutigen, obwohl sie nicht wussten, was passiert war. Deshalb sagten sie: „Spielen wir ‚Erobere die Flagge'!" (ein Geländespiel). Obwohl der Versuch viel Spaß machte, haben wir nicht wirklich gewonnen. Das letzte Frühstück, das ich bekam, war ein einheimisches Bohnengericht, Eier und Brot. Das einheimische Essen ist Bohnen, Sesamöl und eine Gewürzart. Obwohl es mir nie geschmeckt hatte, entschloss ich mich es zu essen, weil es wahrscheinlich das letzte Mal war, dass ich es essen konnte. Also aß ich es. Es ist unglaublich, es schmeckte tatsächlich viel besser als die besten Pommes Frites!!!

Nach diesem wunderbaren Frühstück fuhren wir aus der Wüste zurück zur Schule in der Stadt. Ich wurde von Mama und unserer wundervollen Freundin abgeholt, die meine Mutter während dieses ganzen Tages unterstützte. Wieder beschenkte uns Mama mit einem besonderen Mittagessen, indem sie von unserer Lieblingspizzeria Pizza holte, die mit Auberginen-Scheiben und Parmesankäse belegt war. Dieser Nachmittag und Abend waren ausgefüllt mit Packen, Abschiednehmen unter Tränen und Wegfliegen in ein benachbartes Land, wohin mein Papa in der Nacht zuvor gereist war.

Um sieben Uhr am nächsten Morgen kamen wir in dem Land der Elefanten und Löwen an. Wir waren alle extrem müde, konnten es aber kaum erwarten, durch den Zoll zu gehen, um Papa zu treffen und wieder mit ihm zusammen und als Familie vereint zu sein. Als wir endlich rauskommen konnten, wurden wir von meinem Papa begrüßt und von Onkel Jack, dem

Mann, der uns diesen äußerst hilfreichen Brief geschrieben hatte, als Papa im Gefängnis war. Papa hatte für uns alle Geschenke mitgebracht. Er gab meiner Mutter einen Strauß roter Rosen, meinem Bruder zwei Lutscher und mir eine bezaubernde rote Rose und zwei Lutscher!!! Schließlich ging mein Traum in Erfüllung: Wir mussten zwar unser geliebtes Land des Dienstes verlassen, wo wir uns zuhause fühlten, waren aber als Familie wieder vereint!

Teil 2

Kapitel 20

Ein Aufruf von Gott

D a Sie nun einen großen Teil meiner Geschichte kennen, haben Sie gesehen, dass Gott mir ein Herzensanliegen für Gemeindebau* unter unerreichten Völkern und entlegenen Städten und Dörfern gegeben hat. Ich betrachte diese Berufung als großes Vorrecht und als Ehre. Nichts auf dieser Welt begeistert mich mehr, als daran teilzuhaben, dass sich das Königreich Gottes ausbreitet.

Wie Sie durch das Lesen über meine Erlebnisse im Gefängnis wissen, hat Gott mir viele Dinge offenbart. Vieles, was Er mir zeigte, hat mit Gemeindegründung* unter unerreichten Völkern zu tun. Er bestätigte Dinge, die ich aus meinen vergangenen Erfahrungen wusste und Er zeigte mir auch neue Dinge. Er teilte mir Sein Herzensanliegen mit, aber ich wusste zu der Zeit, dass dies nicht nur für mich gedacht war. Diese Ermutigungen und Ermahnungen gelten den Leuten, die sich gefragt haben, ob Gott sie vielleicht beruft, Kulturen zu überschreiten und das Evangelium denen weiterzusagen, die es nie gehört haben. Sie sind für den neuen Gemeindegründer bestimmt, der mehr über Gemeindegründung* erfahren möchte. Und sie sind für den Gemeindegründer, der seine Arbeit evaluieren möchte, um sie zu verbessern. Ich bete, dass dieser nächste Abschnitt Ihnen Perspektive und Hoffnung vermittelt und Sie gleichzeitig in praktischer Weise ausrüstet, für den größten und wunderbarsten Auftrag von unserem Herrn Jesus Christus – hinauszugehen und alle Nationen zu Jüngern zu machen.

In meinen 16 Jahren der Gemeindegründungs-Arbeit unter unerreichten Volksgruppen* (hauptsächlich muslimischen), habe ich viele verschiedene Strategien kommen und gehen gesehen. Ich habe erlebt, wie Gott Strategien gesegnet hat, von denen ich nie gedacht hätte, dass sie funktionieren würden und ich habe erlebt, dass die besten Strategien, die sich an einem Ort bewährt hatten, an einem anderen Ort keinerlei Frucht brachten. Manchmal wenden Menschen, die an einem Ort viel Frucht erlebt haben, dieselbe „erfolgreiche" Methode an einem anderen Ort an und erleben wenig bis gar keine Frucht.

Wir sehnen uns nach Verbesserung und wollen die besten Strategien anwenden, die der Heilige Geist uns für Gemeindegründungs-Arbeit in heutiger Zeit zeigt. Jesus selbst verwendete so viele unterschiedliche Arten zu predigen, heilen, auf Menschen zuzugehen und das Evangelium zu bezeugen. Methoden ändern sich, da der Herr verschiedene Wege aufzeigt, um neue Kreise zu erreichen. Die zwölf Punkte im folgenden Abschnitt dieses Buches beinhalten allerdings Prinzipien, die sich nicht verändern. Diese Prinzipien beziehen sich mehr auf den Charakter des Gemeindegründers als auf eine bestimmte Strategie für eine Menschengruppe oder Kultur. Diese Prinzipien sollten sich nicht ändern. Der Gemeindegründer sollte sowohl in diesen Bereichen, als auch in seinem täglichen Wandel mit Gott wachsen.

Gemeindegründung* ist eine Aufgabe, die nach einer langfristigen Hingabe verlangt, besonders wenn es darum geht, jene zu erreichen, die das Evangelium noch nie gehört haben. In meiner relativ kurzen Zeit als Gemeindegründer, habe ich viele Leute beobachtet, die „ausbrannten". Ich glaube, dass diese Prinzipien Gemeindegründern helfen werden, die Prioritäten richtig zu setzen, damit sie ausharren können und zur bestimmten Zeit die Frucht sehen werden, die der Herr ihnen durch ihre treue Arbeit unter unerreichten Volksgruppen* schenken wird.

12 Prinzipien für Gemeindegründung*

1	Lobpreis	(**P**raise)
2	Reinigung	(**P**urification)
3	Gebet	(**P**rayer)
4	Verkündigung	(**P**roclamation)
5	Leidenschaft & Bestimmung	(**P**assion & Purpose)
6	Kraft	(**P**ower)
7	Beharrlichkeit / Ausdauer	(**P**erseverance)
8	Verfolgung	(**P**ersecution)
9	Gläubige vor Ort	(**P**roximate Believers)
10	Präsenz in Gemeinschaften	(**P**resence in a community)
11	Partnerschaft	(**P**artnership)
12	Fallgruben	(**P**itfalls)

Eine Bemerkung für den Leser, der nicht in der kulturübergreifenden Gemeindegründung* arbeitet

In diesem Abschnitt spreche ich hauptsächlich über Gemeindegründer, weil das mein Fachgebiet ist und ich dort den Großteil meiner Lebenserfahrung habe. Allerdings gelten diese Prinzipien und Wahrheiten für jeden, der den Wunsch hat, die Ausbreitung des Reiches Gottes zu sehen und mitzuwirken. Irrt euch nicht, ihr Pastoren, Angestellte, Geschäftsleute, Hausfrauen, Mütter, Kinder, Studenten und Großeltern… diese Wahrheiten sind auch für euch. Tatsächlich habe ich beim Schreiben von Kapitel 27 besonders an euch gedacht.

Kapitel 21

Lobpreis

Mission und Methoden werden im Himmel nicht mehr existieren, aber Anbetung und Lobpreis wird es in Ewigkeit geben.

Wenn wir die Phrase „Lobpreis und Anbetung" verwenden, denken wir oft an das Singen einiger Lieder zu Beginn eines Gottesdienstes. Wenn ich von Lobpreis und Anbetung spreche, beziehe ich mich auf unser ganzes Verhalten und unsere Einstellung zu Ihm. Jeder Gedanke und jede Tat sind ein Lobpreisopfer für unseren Gott.

Ein Gemeindegründer hat in seinem täglichen Zeitplan oft so viele Dinge zu erledigen, dass die Anbetung Gottes vernachlässigt oder sogar völlig aufgegeben wird. Mission und Methoden werden im Himmel nicht mehr existieren, aber Anbetung und Lobpreis wird es in Ewigkeit geben. Unser Gott ist ein Gott, der angebetet und gelobt werden möchte – er wird verherrlicht und geehrt, wenn Seine Kinder Ihn anbeten. Wir müssen täglich damit Zeit verbringen, Gott anzubeten und Ihm all die Ehre zu geben, die Er verdient. Anbetung bewirkt im Herzen eines Gemeindegründers viele Dinge, die für seine tägliche Arbeit entscheidend sind.

1. Anbetung versetzt Gott in seine rechtmäßige Position

Wenn wir den Herrn anbeten, lenken wir unsere Blicke und unsere Gedanken von uns selbst weg und hin auf unseren majestätischen und mächtigen Vater im Himmel. Wir erkennen an, dass Er Herr ist und Herr war und immer Herr über alles sein wird.

Obwohl ich vor meiner Inhaftierung regelmäßig Zeit mit dem Herrn verbrachte, genügte das nicht. Ich wurde so eingenommen vom Dienst, dass meine Zeit mit dem Herrn an Qualität verlor und auch einiges an Quantität. In meinem Fall griff der Herr ein, indem Er mich aus der alltäglichen Arbeit herausnahm, damit ich Zeit mit Ihm allein verbrachte, als ich ins Gefängnis kam. Bei den Aposteln sehen wir in Apostelgeschichte 6,4, dass der Heilige Geist sie erinnerte, ihre Prioritäten zu ändern und mehr Zeit im Gebet und im Wort zu verbringen. Als ich die Psalmen jeden Tag laut las, spürte ich, wie Gott sich darüber freute, Lobpreis aus dem Mund eines Seiner Nachfolger zu hören.

2.   Anbetung ist eine Einladung an Gott, für uns zu kämpfen

Gott weilt im Lobpreis Seines Volkes und Seine Gegenwart bringt Sieg über die Finsternis des Feindes. Die Schlacht von Jericho wurde durch Lobpreis gewonnen.

> *Die Priester bliesen die Hörner. Als die Israeliten das hörten, schrieen sie so laut sie konnten. Da stürzten die Mauern Jerichos zusammen, und die Israeliten drangen geradewegs in die Stadt ein und eroberten sie.*
> Josua 6,20

Paulus und Silas wurden aus dem Gefängnis befreit, als sie Gott anbeteten.

> *Gegen Mitternacht beteten Paulus und Silas und lobten Gott mit Liedern. Die übrigen Gefangenen hörten ihnen zu. Plötzlich gab es ein heftiges Erdbeben, und das Gefängnis wurde bis in die Grundmauern erschüttert. Alle Tore sprangen auf und die Ketten sämtlicher Häftlinge fielen ab!*
> Apostelgeschichte 16,25-26

3.   Anbetung erneuert die Kraft eines Arbeiters*

Als Gemeindegründer müssen wir mit Jesus eng verbunden bleiben, weil wir nichts aus eigener Weisheit und Kraft tun können. Nur das, was wir aus der tiefen Beziehung zu unserem Herrn heraus tun, wird für die Ewigkeit zählen. So viele Leute beginnen Gemeindebau* voller Eifer und Hingabe. Doch viele Gemeindegründer halten nicht lange durch, weil sie ausbrennen oder die Vision für ihre Arbeit verlieren. Einer der Hauptgründe dafür ist, dass ihre geistlichen Batterien chronisch schwach oder leer sind. Jesus berief seine Jünger, zuerst bei Ihm zu sein und danach hinauszugehen und die Gute Nachricht zu bezeugen.

Er wählte zwölf von ihnen aus, die ihn ständig begleiten sollten, und nannte sie Apostel. Er wollte sie aussenden, damit sie predigen.

Markus 3,14

Bleibt in mir, und ich werde in euch bleiben. Denn eine Rebe kann keine Frucht tragen, wenn sie vom Weinstock abgetrennt wird, und auch ihr könnt nicht, wenn ihr von mir getrennt seid, Frucht hervor-bringen.

Johannes 15,4

Wenn wir nicht zum Brunnen und zur Quelle gehen, um uns füllen zu lassen, werden wir für die Menschen um uns nichts von Ewigkeitswert anzubieten haben.

Wenn die Gemeindegründungs-Arbeit schlecht läuft (wichtige Gläu-bige fallen in Sünde, niemand möchte den Namen Jesu hören, das Team hat Probleme oder die finanzielle Unterstützung nimmt ab) zeigen wir, indem wir uns Jesus mit Anbetung nahen, wie sehr wir Ihn brauchen, und unsere Kraft wird erneuert.

Jesus bekräftigte Maria in Lukas 10 darin, an seinen Füßen zu sitzen. Wir müssen das Gleiche tun und oft zu den Füßen Jesu sitzen, wenn wir die Kraft haben wollen, unsere Arbeit fortzuführen. Wenn wir nicht zum Brunnen und zur Quelle gehen, um uns füllen zu lassen, werden wir für die Menschen um uns nichts von Ewigkeitswert anzubieten haben.

Aufforderung

Wählen Sie mindestens eines der folgenden Dinge....

Für die nächsten 40 Tage:

▶ Spenden Sie den Zehnten Ihrer Zeit. Geben Sie 2,4 Stunden täglich dem Herrn mit Anbetung, Gebet und Lesen seines Wortes.

▶ Verbringen Sie jede Woche einen Block von 5 Stunden mit dem Herrn in Gebet und Lobpreis. Planen Sie diese Zeit so in Ihrem Kalender ein, wie jeden anderen Termin in Ihrem Leben.

Anfangsdatum:

_____

Enddatum:

_____

Name der Person, die Sie bei der Erfüllung dieser Aufgabe unterstützen kann:

_____

Kapitel 22

Reinigung

Nur ich, der Herr, kann es [das Herz durchschauen]! Ich prüfe jeden Menschen bis in sein tiefstes Innerstes hinein. Ich werde jedem das geben, was er für seine Taten verdient.

Jeremia 17,10

Und dies alles wird sichtbar an dem Tag, an dem Gott durch Jesus Christus alles richten wird, auch das, was bei den Menschen verborgen ist. Das ist meine Botschaft, die mir Gott gegeben hat.

Römer 2,16

Mein Gewissen ist zwar rein, doch das ist nicht entscheidend. Es ist der Herr selbst, der mich prüft und darüber zu entscheiden hat. Deshalb hütet euch, voreilige Urteile über den Glauben anderer zu fällen, bevor der Herr wiederkommt. Wenn der Herr kommt, wird er unsere tiefsten Geheimnisse ans Licht bringen und unsere verborgensten Beweggründe offenbar machen. Und dann wird Gott jeden so loben, wie es ihm zusteht.

1. Korinther 4,4-5

Wir leben in einer gefallenen Welt und sind von geistlichen Mächten umgeben, die uns beeinflussen. Wir müssen unsere Herzen behüten, vor allem vor versteckten Sünden wie Stolz, Eifersucht, Bitterkeit, Lust, Unversöhnlichkeit und Tratsch. Wenn Satan unsere Herzen mit seinen Methoden einnimmt, weiß er, dass wir unsere Wirksamkeit verlieren, dass Reich Gottes voranzutreiben.

Wie können wir unsere Herzen reinigen, damit wir den Machenschaften Satans widerstehen können?

1. Gehen Sie nicht schlafen, bevor Ihr Herz durch das Blut Jesu Christi gereinigt wurde

Lassen Sie die Sonne nicht untergehen, wenn Sie in Ihrem Herzen noch etwas gegen jemanden haben. Viele Gemeindegründer werden in diesem Bereich angegriffen. Wir haben scheinbar die geringsten Schwierigkeiten, den Menschen zu vergeben, die wir mit dem Evangelium erreichen wollen, weil wir erwarten, dass sie schwierig sind und das Evangelium und uns ablehnen. Unsere engen Beziehungen zu unseren Partnern und Mitarbeitern können andererseits oft sehr schwierig und verletzend sein. Ich habe erlebt, dass Arbeiter* aufgrund von Unversöhnlichkeit in ihre Heimat zurückgekehrt und Teams und sogar Ehen auseinandergebrochen sind.

> Lassen Sie die Sonne nicht untergehen, wenn Sie in Ihrem Herzen noch etwas gegen jemanden haben.

2. Erlauben Sie dem Heiligen Geist, Ihr Herz und Ihre Gedanken zu durchforschen

Wir müssen dem Heiligen Geist regelmäßig die Gelegenheit geben, Sünde in unserem Herzen aufzuzeigen. Als ich im Gefängnis war, zeigte mir der Herr Sünden in meinem Herzen, wie Stolz und Eifersucht, die mir überhaupt nicht bewusst waren. Ob wir es wahrhaben oder nicht, Jesus weiß es alles. Wir müssen zulassen, dass Gott unser Herz immer wieder durchforscht und wir müssen nach der Heiligkeit Jesu in unserem Leben streben. Welche Schande wäre es, vor dem Herrn zu stehen und erkennen zu müssen, dass Er mich von der Sünde, die ich so lange mit mir getragen hatte, befreien und reinwaschen hätte können, wenn ich Ihm nur erlaubt hätte, sie mir zu zeigen. Denken Sie täglich daran, *Jesus weiss es alles*. Das könnte Sie davor bewahren, irgendetwas in Ihrem Herzen versteckt zu halten.

> Denken Sie täglich daran, **Jesus weiss es alles**. Das könnte Sie davor bewahren, irgendetwas in Ihrem Herzen versteckt zu halten.

Wir müssen uns unserer Schwachheiten bewusst sein und regelmäßig um Gottes Gnade in diesen Bereichen beten. Seien Sie ehrlich zu sich selbst und begeben Sie sich nicht in Situationen, wo Sie wissen, dass es für Satan ein Leichtes wäre, Sie in Ihren Schwachstellen anzugreifen.

Kennen Sie Ihre Schwächen? Es ist gut sich dieser bewusst zu sein, damit Sie dafür beten können und andere Menschen mit Ihnen über diese Bereiche beten können.

3. Gemeinsames Abendmahl

Gemäß 1. Korinther 11,23-34 ist es gut, wenn wir regelmäßig das Mahl des Herrn einnehmen. Beachten Sie besonders die Verse 28 und 29 im Hinblick auf die Art und Weise wie wir es einnehmen sollten:

> *Deshalb solltet ihr euch prüfen, bevor ihr das Brot esst und aus dem Kelch trinkt. Denn wenn ihr unwürdig das Brot esst und aus dem Kelch trinkt und damit den Leib Christi entehrt, dann esst und trinkt ihr euch zum Gericht Gottes.*
> 1. Korinter 11,28.29

Das Mahl des Herrn als Gemeindegründungs-Team regelmäßig gemeinsam zu feiern, hilft die Beziehungen innerhalb des Teams heilig und rein zu halten, indem wir uns genügend Zeit nehmen, unsere Herzen vor dem Herrn zu prüfen und wenn nötig Sünden zu bekennen und Buße zu tun.

4. Offener Austausch über Ihr Leben mit einem Rechenschaftspartner des eigenen Geschlechts

Stellen Sie sich die harten Fragen und beten Sie füreinander in den Bereichen der jeweiligen Schwächen.

Im Weiteren folgen einige Beispiele für Fragen, die hilfreich sein könnten. Einige dieser Fragen sind sehr privat und persönlich, aber das sind genau die Bereiche, wo der Feind versuchen wird, Sie in eine Niederlage zu bringen. Sie müssen sich nicht mit vielen Leuten darüber austauschen, nur mit ein oder zwei Personen, denen Sie vertrauen, die Ihnen das Beste von Gott wünschen und die mit Ihnen in diesen Bereichen beten. Lassen Sie sich diese oder ähnliche Fragen regelmäßig stellen:

▶   Haben deine Worte in der vergangenen Woche die Herrlichkeit Jesu Christi bezeugt?

▶ Hast du an jedem Tag der Woche gebetet?

▶ Hast du immer und in jeder Situation die Wahrheit gesagt?

▶ Hattest du unreine Gedanken über eine Frau, die nicht deine Ehefrau ist, oder über einen Mann, der nicht dein Ehemann ist?

▶ Hast du dich gegenüber deinem Nachbarn falsch verhalten, entweder in Worten oder Taten? Hast du entweder hinter seinem Rücken oder direkt ins Gesicht schlecht über ihn geredet? Hast du böse Gerüchte verbreitet?

▶ Hast du in Bezug auf eine Person oder Sache keinen Frieden im Herzen?

▶ Stehst du in Gefahr, in irgendeinem deiner Lebensbereiche stolz zu werden?

▶ Bist du mit deinem Geld gut umgegangen, oder hast du es für nutzlose Dinge ausgegeben? Hast du den Zehnten gegeben?

▶ Hast du den Auftrag deiner Berufung erfüllt?

▶ Persönliche Frage: _____

Durch hinzufügen einer persönlichen Frage, zeigen Sie Ihrem Partner eine Schwäche, bei der sie von ihm zur Rechenschaft gezogen werden möchten. Das wird Ihnen helfen, dem Teufel und seinen Machenschaften gegen Sie, zu widerstehen und den Dienst zu schützen, den der Herr Ihnen anvertraut hat.

Angelegenheiten wie Geld, Sex und Stolz sind üblicherweise die Bereiche, in denen Männer, besonders Gemeindegründer, am stärksten angefochten werden. Die Geschichte des Aufstiegs und Falls eines jungen Gemeindegründers namens Thomas illustriert die Ernsthaftigkeit, mit der wir uns der Aufgabe der persönlichen Heiligung widmen sollten. Dieser Mensch nahm den Herrn an, als er ein junger Mann war und Gott verwendete ihn in seinem eigenen Land, Hausgemeinden* unter Muslimen* zu gründen. Thomas siedelte über in ein anderes Land in Westafrika und war auch in dieser Gegend einer der erfolgreichsten Gemeindegründer. Er heiratete und wurde von einer örtlichen Gemeinde in ein anderes nordafrikanisches Land geschickt, wo er in der Missionsgemeinschaft sehr angesehen war. Aber an einem gewissen Punkt konnte Satan im Bereich des Stolzes in seinem Herzen Fuß fassen. Er meinte, dass seine Frau ihm Schande bereitete, teilte das aber niemandem mit. Thomas begann, aus einer Kasse

Geld zu stehlen und später fing er an, nachts zu Prostituierten zu gehen. Niemand wusste irgendetwas über diese Dinge, weil er den Leuten sagte, dass er Freunde besuchte und ihnen Jesus bezeugte. Thomas begann, seine Frau zu schlagen, aber sie schämte sich zu sehr, als dass sie jemandem davon erzählte. Später versuchte er, seine Frau umzubringen, indem er mit dem Auto, mit der Seite, wo sie saß, gegen einen Baum fuhr. Zu diesem Zeitpunkt sah das einfach wie ein Unfall aus und niemand machte sich Gedanken darüber. Ein Jahr später stach er seine Frau mit einem Messer nieder. Letztendlich gestand er und erzählte uns die ganze Geschichte.

Das ist eine furchtbare Geschichte und eine extreme Situation, aber leider ist sie wahr. Vergessen wir nicht die schreckliche Geschichte von König Davids Ehebruch und Mord, als er dem Teufel durch die Lust in seinem Herzen die Tür öffnete. Der Teufel ist ein brüllender Löwe und er versucht zu zerstören, wen er kann, besonders jene, die unter den Unerreichten arbeiten.

Aufforderung

Wählen Sie mindestens eines der folgenden Dinge....

▶ Wenn Sie noch keinen Rechenschaftspartner haben, bitten Sie Gott, Ihnen einen zu schenken und warten sie dann in Stille auf Seine Antwort. Schreiben Sie den Namen der Person oder der Personen auf:

_____

_____

▶ Wenn Sie keinen Namen gehört oder Ihnen niemand eingefallen ist, bitten Sie Gott beharrlich weiter, bis Er für jemanden sorgt. Wenn Sie an einem abgelegenen Ort leben, ziehen Sie einen regelmäßigen Skype-Termin mit jemandem in Betracht.

▶ Schreiben Sie eine Vereinbarung mit Gott nieder, dass Sie die Sonne nicht untergehen lassen werden, ohne Ihn zu fragen, ob es in Ihrem Herzen irgendeine Unversöhnlichkeit gibt.

_____

_____

▶ Falls Sie das nicht bereits tun, sprechen Sie mit Ihrem Teamleiter oder Mitarbeiter darüber, regelmäßig als Team das Mahl des Herrn zu feiern.

▶ Bitten Sie den Herrn, Ihnen jede unvergebene Sünde in Ihrem Leben zu zeigen und schreiben Sie diese auf, gemeinsam mit dem Namen der Person, der sie es bekennen können.

_____

_____

▶ Fragen Sie den Herrn, Ihre Ehefrau oder einen guten Freund und auch sich selbst, in welchen Bereichen Sie Schwächen haben. Schreiben Sie diese auf und notieren Sie ein oder zwei Wege, wie Sie Situationen vermeiden können, die dem Teufel Raum für Angriffe in diesen Bereichen bieten.

_____

_____

Gebet

„Gebet rüstet uns nicht aus für ein größeres Werk; Gebet ist das größere Werk."

1. Beten Sie alleine

Das persönliche Gebet eines Gemeindegründers kann durch nichts ersetzt werden. Es ist wichtig sicherzustellen, dass wir regelmäßige Zeiten festsetzen, in denen wir beten und den Herrn suchen können. Neben der Wichtigkeit, Gott unsere Bitten vorzubringen, bedeutet Gebet noch viel mehr als das. Verbringen Sie Zeit mit Zuhören, damit Sie erfahren, was der Vater tut und damit Sie erkennen, welche Werke der Herr für Sie vorbereitet hat. Erlauben Sie Gott, Sie an Seine Vision für Ihr Leben zu erinnern und Sie zu befähigen, die Person zu werden, zu der Er Sie geschaffen hat und die Dinge zu tun, die Sie nach Seinem Willen tun sollen. „Gebet rüstet uns nicht aus für ein größeres Werk; Gebet ist das größere Werk."

2. Beten Sie mit anderen Gläubigen

Gemeindegründer vom selben Team oder in derselben Stadt oder Region sollten sich regelmäßig Zeit nehmen, für gemeinsame Treffen und um für die Aktivitäten ihrer Gemeindegründungs-Arbeit zu beten. Mit anderen zu beten ist oft eine große Ermutigung und hilft dem Gemeindegründer sich auf die unmittelbare Aufgabe zu konzentrieren. Es ist wichtig, wenn Sie als Gruppe zusammenkommen, dass Sie auch Zeit damit verbringen, auf den Herrn zu hören, um zu erfahren, was Er für konkrete Situationen zu sagen hat.

Die Gefahr eines Gebetstreffens mit einer Gruppe von Leuten ist, dass man sich am Ende vielmehr untereinander unterhält, als mit Gott zu sprechen und Ihm zuzuhören. Um dies zu vermeiden, legen Sie einen genauen Ablauf für die reservierte Gebetszeit fest. Zum Beispiel könnten Sie eine Gebetszeit von einer Stunde folgendermaßen einteilen: 20 Minuten Anbetung und Hören auf den Herrn, 20 Minuten Austausch über die allgemeine Gemeindegründungs-Situation und danach 20 Minuten geleitete Fürbitte für die erwähnten Bereiche. In einem der Teams, die ich geleitet habe, begannen wir unseren Arbeitstag immer mit einer einstündigen Gebetszeit. Gebet ist Teil unserer Arbeit! Sei es das Unternehmen, eine Hilfsorganisation oder irgend eine andere Arbeit, die wir als Gemeindegründer ausführen – wir müssen dem Gebet Zeit einräumen und es zu unserer Priorität machen.

3. Stellen Sie eine Gruppe von Leuten zusammen, die für Sie und die Volksgruppe* fastet und betet

Vor hundert Jahren hatten kulturübergreifende Arbeiter* nur eine Kommunikationsmöglichkeit mit ihren Freunden und Verwandten – Schneckenpost. Als wir vor 16 Jahren mit Gemeindebau* begannen, hatten wir nur punktuellen, unzuverlässigen und kostspieligen Zugang zum Internet, das auch in seinen besten Zeiten extrem langsam war. Preist den Herrn für die moderne Technologie. Heute können wir unseren Unterstützern auf der ganzen Welt unsere Gebetsanliegen innerhalb weniger Minuten mitteilen.

4. Beten Sie mit den Menschen, die Sie erreichen wollen

Wenn wir mit Menschen beten, die noch nicht an Jesus glauben, zeigen wir ihnen, wir vertrauen dem Herrn, dass er unsere Gebete erhört. Das ist ein sehr kraftvolles Instrument, das wir bei Muslimen* einsetzen können, aber auch bei allen anderen. Die Bibel sagt uns sehr oft, dass wir Menschen segnen sollen. Wenn wir für die Bedürfnisse von Menschen beten, befolgen wir diese Gebote:

Betet für das Glück derer, die euch verfluchen. Betet für die, die euch verletzen.
Lukas 6,28

Wenn ihr verfolgt werdet, weil ihr zu Christus gehört, dann verflucht eure Verfolger nicht, sondern erbittet den Segen Gottes für sie.
Römer 12,14

Ich frage Muslime* regelmäßig, ob ich für sie beten kann, bevor wir auseinandergehen. Nur selten lehnen die Menschen ein Segensgebet ab. Ich sage meistens etwas wie: „Was kann ich für Sie/dich beten?" oder „Darf ich Gott bitten, Sie/dich und Ihre/deine Familie in den kommenden Tagen zu segnen?" oder „Gibt es irgendetwas wofür ich Gott bitten könnte, Ihnen/dir zu helfen?" Wenn die Leute mein Angebot annehmen, sage ich ihnen, dass ich im Namen Jesu zu Gott beten würde, weil Gott durch Jesus Gebete erhört.

Einmal betete ich für einen muslimischen Freund und der Herr erhörte das Gebet sofort. Er konnte 20 Minuten lang nicht aufstehen, weil die Kraft Gottes auf ihn gekommen war. Er sagte: „Was hast du mit mir gemacht? Ich habe noch nie so eine Kraft in meinem Leben gespürt." Er nahm den Herrn wenige Wochen später an. Ich habe sehr oft erlebt, dass Menschen die Kraft Gottes erfahren haben, wenn wir mit ihnen beteten oder sie segneten.

> **Denken Sie daran, sich von niemandem zu verabschieden, ohne anzubieten, die Person zu segnen oder für sie zu beten.**

5. Beten Sie im Glauben

Und doch kommt der Glaube durch das Hören dieser Botschaft, die Botschaft aber kommt von Christus.
Römer 10,17

Ihr <u>Gebet im Glauben</u> an Gott wird den Kranken heilen, und der Herr wird ihn aufrichten. Und wenn er Sünden begangen hat, wird Gott ihm vergeben. Bekennt einander eure Schuld und betet füreinander, damit ihr geheilt werdet. <u>Das Gebet eines gerechten Menschen hat große Macht und kann viel bewirken</u>.
Jakobus 5,15-16

Wir hatten einmal mit einem Menschen zu tun, der stark dämonisiert war. Von einem Tag auf den anderen hörte er auf zu sprechen, zu essen und war unfähig sich zu bewegen. Er war wie ein toter Mensch. Wir hatten kaum Erfahrungen im Austreiben von Dämonen und besonders nicht von Dämonen dieser Art. Wir luden Mitarbeiter vieler verschiedener Konfessionen und Hintergründe ein, zu kommen und zu beten. Jeder betete auf seine Weise, aber wir ermutigten alle, im Glauben zu beten, dass Jesus diesen Mann befreien würde. Wir beteten sieben Tage lang und der Mann wurde von diesem Dämon befreit. Wie wir beten ist nicht halb so wichtig wie die Beharrlichkeit, Regelmäßigkeit und der Glaube unserer Gebete.

6. Beten Sie um Männer und Frauen des Friedens

Beten Sie, dass der Herr Sie mit Männern und Frauen des Friedens in Kontakt bringen möge. Dieser Ausdruck der Männer und Frauen des Friedens stammt aus Apostelgeschichte 10, wo wir von Kornelius, und aus Apostelgeschichte 16,13-15, wo wir von Lydia lesen. Männer und Frauen des Friedens finden wir nicht einfach zufällig. Der Herr der Ernte bestimmt göttliche Termine für uns, diesen Menschen zu begegnen und Gebet ist ein großartiger Weg, auf dem wir sie finden.

7. Beten Sie für Ihren Timotheus

Jesus lehrte zwölf Jünger, die später das Evangelium der ganzen Welt verkündeten und eine faszinierende Bewegung in Gang brachten. Er befähigte sie, indem Er sie das Wort lehrte, das ihr Leben veränderte und später lehrten sie das Wort anderen. Wir wissen, das Paulus Timotheus unterwies, das Wort Gottes Menschen zu lehren, die fähig waren andere zu unterweisen.

Was du von mir gehört hast, das sollst du auch weitergeben an Menschen, die vertrauenswürdig und fähig sind, andere zu lehren.
2. Timotheus 2,2

Leben Sie Jüngerschaft mit anderen in Ihrem Gemeindegründungs-Team und unter den neuen einheimischen Gläubigen. Suchen Sie jemanden, der mit Ihnen Jüngerschaft lebt.

Aufforderung

Wählen Sie mindestens eines der folgenden Dinge....

▶ Planen Sie eine Zeit für tägliches Gebet ein:

Montag _____ Uhr
Dienstag _____ Uhr
Mittwoch _____ Uhr
Donnerstag _____ Uhr
Freitag _____ Uhr
Samstag _____ Uhr
Sonntag _____ Uhr

▶ Denken Sie daran, sich von niemandem zu verabschieden, ohne anzubieten, die Person zu segnen oder für sie zu beten.

▶ Stellen Sie ein starkes Team von Gebetsunterstützern zusammen.
   Bitten Sie Gott, Ihnen Menschen zu zeigen, die Sie treu im Gebet unterstützen werden. Oder verschicken Sie eine E-Mail mit der Bitte um
   Freiwillige, die sich durch ihre Gebete daran beteiligen, einen Schutz-
   schirm für Sie bilden. Informieren Sie diese nach Möglichkeit monatlich über Gebetsanliegen, Dank und Gebetserhörungen. Schreiben Sie
   die Namen von Menschen auf, die Sie bitten wollen:

   _____

   _____

   _____

Kapitel 24

Verkündigung

Es ist normal, Jesus in feindlich gesinnten Umgebungen zu bezeugen, weil wir glauben, dass es keinen anderen Weg der Errettung gibt.

Die Verkündigung des Wortes muss ein wesentlicher Teil all unserer Aktivitäten sein. Radiodienste, Fernsehshows, Facebook, evangelistische Websites, Internet Chats (Gespräche), evangelistische Filme, Bibelverteilung und persönliche Gespräche sind großartige Möglichkeiten das Wort Gottes weiterzusagen. Das Wort muss Menschen erreichen, die nie eine Chance hatten, es zu hören.

1. Der Glaube kommt aus dem Wort

Denn in der Schrift heißt es: „Die Botschaft ist dir ganz nahe; sie ist auf deinen Lippen und in deinem Herzen." Es ist die Botschaft von der Erlösung durch den Glauben an Christus, die wir verkünden. Wenn du mit deinem Mund bekennst, dass Jesus der Herr ist, und wenn du in deinem Herzen glaubst, dass Gott ihn von den Toten auferweckt hat, wirst du gerettet werden. Denn durch den Glauben in deinem Herzen wirst du vor Gott gerecht, und durch das Bekenntnis deines Mundes wirst du gerettet. So heißt es in der Schrift: „Wer an ihn glaubt, wird nicht umkommen."
Das gilt ohne Unterschied für Juden wie für alle anderen Menschen. Alle haben denselben Herrn, der seine Reichtümer großzügig allen schenkt, die ihn darum bitten. Denn „jeder, der den Namen des Herrn anruft, wird gerettet werden". Doch wie können sie ihn anrufen, wenn sie nicht an ihn glauben? Und wie können sie an ihn glauben, wenn sie nie von ihm gehört haben? Und wie können sie von

ihm hören, wenn niemand ihnen die Botschaft verkündet? Und wie soll jemand hingehen und ihnen die Botschaft Gottes sagen, wenn er nicht dazu beauftragt wurde? Das ist gemeint, wenn es in der Schrift heißt: „Wie wunderbar ist es, die Boten kommen zu hören, die gute Nachrichten bringen!"
Doch nicht jeder nimmt die gute Botschaft an, wie auch der Prophet Jesaja sagte: „Herr, wer hat unserer Predigt geglaubt?" Und doch kommt der Glaube durch das Hören dieser Botschaft, die Botschaft aber kommt von Christus.
Römer 10,8-17

Nachdem der Glaube nur aus dem Wort Gottes kommt, ist es sehr wichtig, das Wort Gottes in jede Situation hinein zu bringen. Das Wort Gottes ist die wichtigste Sache, die wir weiterzugeben haben. Es ist ein sehr wirksames Mittel, besonders unter Muslimen*, innerhalb der ersten fünf Minuten, wenn wir jemandem begegnen, über Jesus zu reden, der das fleischgewordene Wort ist. Es zeigt den Menschen, dass wir Gott lieben und in allen Bereichen unseres Lebens Seinen Willen suchen. Oft wird uns das Respekt einbringen und die Wahrscheinlichkeit steigt, dass die Menschen, wenn sie in Not sind, sich an uns wenden, um Rat und Gebet zu bekommen. Und wir wissen, dass jedes Wort, das wir im Glauben ausstreuen, nicht leer zurückkommen wird.

Regen und Schnee fallen vom Himmel und bewässern die Erde. Sie kehren nicht dorthin zurück, ohne Saat für den Bauern und Brot für die Hungrigen hervorzubringen. So ist es auch mit meinem Wort, das aus meinem Mund kommt. Es wird nicht ohne Frucht zurückkommen, sondern es tut, was ich will und richtet aus, wofür ich es gesandt habe.
Jesaja 55,10-11

Wir verteilten in einem muslimischen Stamm, unter dem wir arbeiteten und der tief in Okkultismus verstrickt war, ein Buch mit Auszügen aus der Schrift und einem Plan zur Errettung. Der Herr führte mich, dieses Buch einem Mann zu schenken, der komplett mit Amuletten und Glücksbringern bedeckt war. Einige Wochen später kehrte ich zurück, um ihn zu besuchen und war überrascht, über seinen Anblick. Anstelle der Amulette und Glücksbringer war ein Leuchten in seinem Gesicht. Als ich ihn fragte, was mit ihm geschehen war, sagte er: „Die Worte in dem Buch, das du mir gegeben hast, haben mein Leben verändert – ich habe alle Glücksbringer weggeworfen und mein Vertrauen auf Jesus gesetzt." Halleluja! Das Wort Gottes ist mächtig!

2. Unsere Identität liegt in Jesus, deshalb ist es natürlich, zu jeder Zeit über Ihn zu sprechen

Wir müssen vollkommen in Jesus verankert sein. Ein Gemeindegründer muss sich daran erinnern, dass er in erster Linie ein Bürger des Himmels ist; das ist seine wichtigste Identität. Seine Rolle als Geschäftsmann, Mitarbeiter eines Hilfswerks, Lehrer, Student, Hausfrau usw. ist zweitrangig. Wenn Jesus die Quelle unserer Freude und Liebe ist und wenn Er der König ist und Ihm die höchste Autorität in unserem persönlichen, unserem Familien- und Berufsleben zukommt, dann ist es normal, dass wir in jeder Situation über Ihn sprechen.

Unsere Identität liegt in Jesus, deshalb ist es natürlich zu jeder Zeit über Ihn zu sprechen.

Denn immer bestimmt ja euer Herz, was ihr sagt.
Matthäus 12,34b

Während wir einerseits auch weise sein sollen und den Heiligen Geist fragen müssen, wann wir reden und wann wir schweigen sollten, versagen die meisten Gemeindegründer andererseits darin, dass sie Jesus nicht genug bezeugen. Die Bibel sagt uns, dass wir das Wort jeder Zeit weitersagen sollen.

Verkünde das Wort Gottes. Halte durch, <u>ob die Zeit günstig ist oder nicht</u>. In aller Geduld und mit guter Lehre sollst du die Menschen zurechtweisen, tadeln und ermutigen!
2. Timotheus 4,2

Manchmal meinen die Leute, dass sie eine Sprache gut können müssen, bevor sie mit den Menschen über Jesus reden. Ich stimme völlig zu, dass Langzeitarbeiter die Kernsprache, in der sie dienen wollen, beherrschen sollten, aber ich glaube auch, dass sie Jesus in der landesüblichen Handelssprache (Englisch, Französisch, usw.) vom ersten Tag an bezeugen sollten.

3.   Helfen Sie anderen, das Wort zu verkündigen

Wir müssen einheimische Suchende und Gläubige lehren, dem Wort zu gehorchen und es weiterzusagen. Wenn Menschen anfangen, dem Wort zu gehorchen, werden sie im Glauben wachsen und wenn sie das Wort anderen weitersagen, wird das Reich Gottes vorangebracht und multipliziert.

Ein neuer Gläubiger gelangte zu Matthäus 28,18-20, als er das Neue Testament las, und fragte mich, warum Christen fast 2000 Jahre gebraucht hatten, bis sie das Wort seinem Volk brachten. Ich bat ihn, meinen Vorfahren und mir zu vergeben, dass wir Gottes Wort nicht befolgt hatten und forderte ihn dann heraus, dem Wort zu gehorchen und es anderen weiterzusagen, auch wenn es Probleme für sein Leben brachte. Er war still, als er meine Ermahnung hörte, und sagte dann: „Ich werde nicht schweigen; ich möchte Gottes Wort gehorchen und es anderen mitteilen, selbst wenn es mein Leben kostet."

4.   Sagen Sie das Wort im Umfeld von Risiko und Leiden weiter

Sara und ich wurden gebeten, einige seelsorgerliche Gespräche mit einer Gruppe von Leuten zu führen, die einen schrecklichen Raubüberfall miterlebt hatten, bei dem ein oder zwei Personen angeschossen aber nicht getötet wurden. Am Ende unseres Seelsorgegesprächs spürte ich, dass der Heilige Geist mich drängte, sie zu fragen, wie sie diesen notleidenden, unerreichten Völkern das Wort von Jesus bezeugten. Die meisten von ihnen waren sehr überrascht und sagten, dass sie das nicht tun konnten, weil es ihre Arbeit im Land gefährden würde. Ich fragte sie, ob sie glaubten, dass Jesus, der einzige Weg war, um errettet zu werden. Praktische Hilfe anzubieten, bringt vorübergehende Verbesserung ihrer Lebenssituation, aber diese Menschen werden letztlich in die Hölle gehen, wenn sie keine Gelegenheit bekommen, von Jesus zu hören.

Bevor ich nach Afrika übersiedelte, erhielt ich Fragen wie diese: „Wie kannst Du dorthin fahren und das Evangelium an Orten bezeugen, von denen du weißt, dass du oder die Menschen, unter denen du arbeitest, umgebracht oder ins Gefängnis gesteckt werden könnten, wenn sie Jesus annehmen? Wie kannst du diese Verantwortung übernehmen?" Andere haben mich gefragt, wie ich meine eigenen Kinder Situationen aussetzen könnte, in denen sie vielleicht Verfolgung erleiden würden, als Folge dafür, dass unsere Familie Jesus an finstere Orte brachte. Nachdem ich aus dem Gefängnis kam, sagte mir eine Person, sie hoffte, dass ich meine Lektion gelernt hatte und dass ich etwas anderes machen oder das Evangelium in Gebieten weitersagen würde, wo es weniger gefährlich ist.

Die Apostel bezeugten das Evangelium an Orten, wo Verfolgung üblich war. Elf der zwölf Apostel wurden getötet, weil sie Jesus bezeugten. Es ist normal, Jesus in feindlich gesinnten Umgebungen zu bezeugen, weil wir glauben, dass es keinen anderen Weg der Errettung gibt.

In ihm allein gibt es Erlösung! Im ganzen Himmel gibt es keinen anderen Namen, den die Menschen anrufen können, um errettet zu werden.

Apostelgeschichte 4,12

Dann rief er seine Jünger und die Menge zu sich. „Wenn jemand mir nachfolgen will", sagte er, „muss er sich selbst verleugnen, sein Kreuz auf sich nehmen und mir nachfolgen. Denn wer versucht, sein Leben zu bewahren, wird es verlieren. Wer aber sein Leben um meinetwillen und um der guten Botschaft willen verliert, wird es retten. Was nützt es einem Menschen, wenn er die ganze Welt gewinnt, dabei aber seine Seele verliert? Gibt es etwas Wertvolleres als die Seele? Wenn sich ein Mensch in dieser treulosen und sündigen Zeit für mich oder meine Botschaft schämt, für den wird sich auch der Menschensohn schämen, wenn er mit den heiligen Engeln in der Herrlichkeit seines Vaters kommt."

Markus 8,34-38

Aufforderung

Wählen Sie mindestens eines der folgenden Dinge....

▶ Setzen Sie sich das Ziel, im nächsten Monat mit 5 Personen über Jesus zu sprechen.

    _____

    _____

    _____

    _____

    _____

▶ Schreiben Sie dem Herrn eine Verpflichtungserklärung, dass Sie im nächsten Monat mit 3 Personen innerhalb der ersten 5 Minuten ihrer Begegnung über Jesus sprechen werden.

    _____

    _____

    _____

    _____

▶ Teilen Sie Ihre Erfahrung einem engen Freund mit.

    _____

    _____

    _____

Kapitel 25

Leidenschaft und Bestimmung

W as ist die Berufung Gottes für Ihr Leben? Hat Gott Ihnen eine Begeisterung oder Bestimmung geschenkt, durch die Sie motiviert sind, Sein Reich voranzubringen? Wenn Gott jemandem eine Berufung mitteilt, geschieht das oft in Phasen. Vielleicht beginnt es mit mangelndem Frieden, wenn Sie von einer bestimmten Volksgruppe* erfahren, die das Evangelium noch nicht gehört hat. Unruhe ist häufig ein Zeichen, dass Gott Sie aufruft, diesen Menschen in irgendeiner Weise zu dienen. Der Herr zeigt uns selten das ganze Bild. Er offenbart uns Seine Pläne Schritt für Schritt, damit wir eng bei Ihm bleiben und im Glauben wandeln.

> *Gott hat allem auf dieser Welt schon im Voraus seine Zeit bestimmt, er hat sogar die Ewigkeit in die Herzen der Menschen gelegt. Aber sie sind nicht in der Lage, das Ausmaß des Wirkens Gottes zu erkennen; sie durchschauen weder, wo es beginnt, noch, wo es endet.*
> Prediger 3,11

Als ich im Gefängnis war, hat der Herr mir zehn Hauptgruppen von Menschen aufs Herz gelegt, welche die am wenigsten erreichten Menschengruppen der Erde repräsentieren. Während diese Liste in keiner Weise erschöpfend ist, ist es klar, dass diese Menschen freimütige und mutige Leute brauchen, die ihnen die Hoffnung und Rettung Jesu bringen. Ich bete, dass Gott in Ihrem Herzen eine Begeisterung für eine dieser Menschengruppen weckt, während Sie dieses Kapitel lesen, und dass Sie Ihr Leben dafür einsetzen mögen, dass Jesus unter diesen Menschen verherrlicht wird.

1. 1,5 Milliarden Muslime*

Muslime* bilden 21 Prozent der Weltbevölkerung. Die meisten Muslime* sind gemäßigt. Die fundamentalistischen Muslime* von denen wir in den

Nachrichten hören, stellen eine kleine Minderheit dar. Als wir zum Beispiel unser letztes Land verlassen mussten, haben viele unserer muslimischen Freunde und Nachbarn geweint und uns gesagt, dass sie nicht damit einverstanden sind, was die Regierung mit uns gemacht hatte. Allerdings müssen sowohl gemäßigte als auch fundamentalistische Muslime* Jesus kennenlernen.

2. Eine Milliarde Hindus

Der Hinduismus ist nach dem Christentum und dem Islam* die drittgrößte Religion auf der Welt. Der Großteil der Hindus lebt in Indien. Obwohl es einige Arbeiten unter ihnen gegeben hat – eine große Zahl von Hindus hat nie das Evangelium von Jesus gehört. Verblendet durch Götzendienst suchen sie nach Seelenfrieden und setzen ihre Hoffnung auf einen Kreislauf von Reinkarnation. Es kann zum Beispiel sein, dass ein Hindu mit seinem derzeitigen Leben oder seinem Gesellschaftsstatus unzufrieden ist. Er setzt seine Hoffnung in den Glauben, dass er in seinem nächsten Leben einen besseren Gesellschaftsstatus haben wird, wenn er jetzt ein gutes Leben führt. Wer wird den vielen unerreichten Hindu Kasten den Frieden Jesu bringen?

3. Fast 500 Millionen Buddhisten

Buddhisten glauben nicht an einen Gott, der die Welt geschaffen hat und sie glauben nicht, dass Gott die Welt regiert. Sie betrachten das Leben als eine Reise, die damit endet, dass man wieder zu Erde wird. Wer wird den Buddhisten die ewige Hoffnung von Jesus bringen, damit sie von ihrem Schöpfergott erfahren und ewiges Leben durch Jesus Christus bekommen?

4. Die westliche Welt

In der Geschichte war Europa eine der Geburtsstätten des Christentums und von da breitete es sich nach Nordamerika, Afrika und Asien aus. Materialismus, Drogen, Homosexualität, Alkoholismus und andere Götzen haben die Stelle des wahren Gottes eingenommen und die Leute sind mehr damit beschäftigt, sich selbst und den Menschen zufrieden zu stellen, als Gott zu gefallen. Die Europäer werden langsam von einem Lebensstil enttäuscht, der seine Hoffnung auf Geld und Selbstverwirklichung setzt. Möge Gott begeisterte Nachfolger Jesu erwecken, die den Lehren Jesu in jedem

Bereich ihres Lebens gehorchen, um ihre Gemeinschaften für Gott zu erreichen oder gar ihre traditionellen Kirchen.

5. Die Armen auf der ganzen Welt

Armut ist ein Problem, das man nie wird völlig lösen können und der Versuch, es zumindest teilweise zu lösen, kann erdrückend sein. Jesus selbst erinnert uns in Matthäus 26,11 daran, dass es die Armen immer bei uns geben wird. Wenn wir nach Wegen Ausschau halten, wie wir die Armen in praktischer Weise unterstützen können, wollen wir nicht vergessen, sie werden ohne die Wahrheit des Evangeliums in Ewigkeit leiden müssen.

6. Kinder und Jugendliche

Laut einer Umfrage, die in den USA durchgeführt wurde, ist die Wahrscheinlichkeit, dass Menschen das Evangelium annehmen, bei Leuten im Alter von 13 Jahren und darunter am größten. Es ist ein allgemeines Prinzip, dass jüngere Leute das Evangelium bereitwilliger aufnehmen, als ältere Leute. Wir müssen uns darauf konzentrieren, jüngere Menschen mit dem Evangelium zu erreichen.

Ich reiste mit einem Zug in Westafrika und saß neben einem älteren Mann. Er war ein hingegebener Nachfolger des Islam*. Während der 20 Stunden, die wir gemeinsam verbrachten, bezeugten wir uns beide gegenseitig unseren Glauben. Als dieser Mann von der Heilsgewissheit und dem Opfer Jesu hörte, sagte er zu mir: „Wenn das stimmt, was Sie sagen, dann ist Ihr Weg besser als mein Weg! Bitte kommen Sie in mein Dorf und erzählen Sie meinen Kindern und Enkelkindern darüber, weil sie diese Gute Nachricht hören müssen!" Als ich ihn fragte, ob er Jesus nachfolgen und Vergebung seiner Sünden erhalten wolle, sagte er: „Ich bin zu alt. Ich habe mein ganzes Leben so gelebt. Ich kann Jesus nicht annehmen, aber meine Kinder und Enkelkinder können es. Bitte kommen Sie in mein Dorf und erzählen sie ihnen von Jesus."

7. Frauen, 50 Prozent der Weltbevölkerung

In bestimmten Gruppen und Ländern des Ostens, sind Frauen viel schwieriger mit dem Evangelium zu erreichen. Einige verlassen nur sehr selten ihre Häuser und anderen wird gesagt, dass Religion nichts für Frauen ist und sie nur ihren Ehemännern und Familien folgen sollten, ohne über religiöse

Angelegenheiten nachzudenken. Wenn Frauen Jesus begegnen, werden sie oft mit mehr Herausforderungen konfrontiert, als Männer. In vielen Gesellschaftsgruppen sind es die Frauen, die den wichtigsten Einfluss auf die nächste Generation haben. Wenn sie mit dem Evangelium erreicht werden, besitzen sie großes Potenzial die Zukunft stark zu beeinflussen.

8. Millionen Geschäftsleute

Diese kostbaren Menschen in mächtigen Positionen in der Geschäftswelt sind oft sehr einsam. Geschäftsleute kämpfen häufig mit den vielen Verantwortungen, die sie haben und fühlen sich oft erdrückt. Sie haben meist nicht viele Leute, denen sie ihre Lasten mitteilen können. Sie brauchen Menschen, die ihre Lasten teilen und sie mit Jesus, dem größten Lastenträger bekannt machen.

9. Millionen Sportler und ihre Anhänger

Menschen aller Altersgruppen betreiben entweder Sport, unterstützen Sportaktivitäten oder schauen Sport in ihrer Freizeit. Wir können das Evangelium unseren Teamkollegen bezeugen oder sie zu uns nach Hause einladen, um ein Spiel im Fernsehen anzuschauen. Die meisten Völker haben ihre traditionellen oder nationalen Sportarten und lieben es, darüber zu reden. Sport ist eine großartige Möglichkeit Millionen Menschen, die das Evangelium nie gehört haben, Jesus zu bringen.

10. Die politische Welt

Authentische Christen, die in dieser Welt arbeiten, können auf andere Politiker einen großen Einfluss ausüben, indem sie Jesus und biblische Werte in dieses Umfeld einbringen.

> *Vor allem anderen fordere ich euch auf, für alle Menschen zu beten. Bittet bei Gott für sie und dankt ihm. So sollt ihr für die Herrschenden und andere Menschen in führender Stellung beten, damit wir in Ruhe und Frieden so leben können, wie es Gott gefällt und anständig ist.*
> 1. Timotheus 2,1-2

Regierende und Machthaber besitzen große Einflussmöglichkeit auf die Verbreitung des Evangeliums. Es ist offensichtlich, dass der Herr einige Christen, die bereit sind für Ihn einzustehen, in einflussreiche und autoritäre Positionen bringen möchte, und Er möchte, dass andere Christen für sie beten.

Aufforderung

Wählen Sie mindestens eines der folgenden Dinge....

▶ Verpflichten Sie sich, einen Monat lang jeden Tag für eine der folgenden Gruppen zu beten. Kreuzen Sie jene an, für die zu beten Sie sich angesprochen fühlen.

☐ Muslime*   ☐ Die westliche Welt
☐ Frauen   ☐ Hindus
☐ Die Armen   ☐ Die Geschäftswelt
☐ Buddhisten   ☐ Kinder und Jugendliche
☐ Sportfans   ☐ Politiker
☐ Andere

_____

▶ Beim Lesen dieser unterschiedlichen Menschengruppen, ist Ihr Herz für irgendeine davon bewegt worden? Schreiben Sie eine Sache auf, die Sie tun können, um eine dieser Gruppen zu erreichen oder ihr zu dienen.

_____

_____

▶ Fordert Gott Sie auf, eine wesentliche Veränderung in Ihrem Leben vorzunehmen, damit Sie das Evangelium einer dieser Gruppen bringen können?

☐ Die Arbeit wechseln
☐ In eine neue Stadt ziehen
☐ In ein neues Land ziehen
☐ Ändern, wie Sie Ihre Freizeit verbringen
☐ Anderes

_____

Kapitel 26

Kraft

Wir können nie genug haben von Gott und wir müssen nach Ihm verlangen, wie der Hirsch nach Wasser lechzt.

Ihre Konfession und Ihr theologischer Hintergrund sind irrelevant. Wir brauchen die Kraft Gottes, um erfolgreiche Gemeindegründer unter unerreichten Völkern zu sein. Wir werden mit vielen herausfordernden Situationen konfrontiert werden, wenn wir ein Gebiet betreten, das viele Jahrzehnte oder oft Jahrhunderte in der Hand des Feindes gelegen ist. Meiner Erfahrung nach, erleben die meisten Menschen die Kraft des Heiligen Geistes nur, wenn sie es wollen und sie von ganzem Herzen suchen. Gott möchte Seinen eigenen Namen verherrlichen, indem er Sein Wort durch Zeichen, Wunder, Träume, Heilungen, Dämonenaustreibung und andere übernatürliche Taten, gewirkt durch den Heiligen Geist, bestätigt.

Wie die Jünger sich trafen und inbrünstig darum beteten, dass Gottes Kraft in ihrem Dienst freigesetzt würde, müssen wir ebenfalls beten, dass Gott Seine Kraft in mächtiger und wunderbarer Weise ausgießt. Wir können nie genug haben von Gott und wir müssen nach Ihm verlangen, wie der Hirsch nach Wasser lechzt.

1. Gottes Kraft macht uns freimütig

„Und nun höre ihre Drohung, Herr, und gib deinen Dienern Mut, wenn sie weiterhin die gute Botschaft verkünden. Sende deine heilende Kraft, damit im Namen deines heiligen Knechtes Jesus Zeichen und Wunder geschehen." Nach diesem Gebet bebte das Gebäude, in dem sie sich versammelt hatten, und sie wurden alle vom Heiligen Geist erfüllt. Und sie predigten mutig und unerschrocken die Botschaft Gottes.

Apostelgeschichte 4,29-31

Wenn die Kraft des Heiligen Geistes auf uns kommt, werden wir mit dem Geist Gottes erfüllt, damit wir das Wort freimütig weitersagen. Die Pharisäer staunten darüber, wie furchtlos die Jünger das Wort Gottes redeten. Die Menschen, die Stefanus töteten, waren erstaunt zu sehen, wie mutig er die Wahrheit, selbst im Angesicht des Todes, redete.

2. Gottes Kraft wird sich in vielen verschiedenen Wundern kundtun

Der Dienst Jesu gründete sich immer auf das Wort Gottes und wurde oft von Zeichen und Wundern begleitet. Als Jesus von Johannes dem Täufer gefragt wurde, ob Er der sei, der kommen sollte oder ob sie auf einen anderen warten sollten, antwortete Er Folgendes:

> *„Kehrt zu Johannes zurück und berichtet ihm, was ihr gesehen und gehört habt: Blinde sehen, Gelähmte gehen, Aussätzige werden geheilt, Taube hören, Tote werden auferweckt und den Armen wird die gute Botschaft verkündet."*
>
> Lukas 7,22

Paulus beschreibt seinen Dienst, indem er hervorhebt, was Jesus durch ihn in Worten und Werken und was die Kraft Gottes an Zeichen und Wundern bewirkte.

> *Ich würde es nicht wagen, auf etwas anderes stolz zu sein als auf Christus, der die anderen Völker durch mein Reden und Tun zu Gott geführt hat. Ich habe sie gewonnen durch die Wunder, die als Zeichen Gottes durch mich geschahen und durch die Kraft des Heiligen Geistes. Auf diese Weise habe ich die Botschaft von Christus überall verbreitet, von Jerusalem bis in das Gebiet von Illyrien.*
>
> Römer 15,18-19

Zeichen und Wunder retten die Leute nicht. Viele waren Zeugen der Zeichen und Wunder im Leben von Jesus und Paulus, und haben trotzdem ihr Leben nicht Gott übergeben. Römer 15 sagt jedoch, dass die Heiden durch Worte und Werke dazu gebracht wurden dem Evangelium zu gehorchen. Während Zeichen und Wunder nie Glauben hervorbringen, bewirken sie oft eine Offenheit für das Evangelium, weil die Menschen dadurch die Kraft Gottes erleben.

3. Das Königreich Gottes ist ein Königreich der Kraft

*Meine Botschaft und meine Predigt waren schlicht, <u>ich gebrauchte
keine klugen Worte und versuchte auch nicht, euch zu überreden,
sondern die Kraft des Heiligen Geistes hat unter euch gewirkt</u>. So
verhielt ich mich, damit ihr auf die Kraft Gottes vertraut und nicht
auf menschliche Weisheit.*
1. Korinther 2,4-5

Wir kommen in das Reich Gottes durch Seine Kraft. Immer wenn
eine Person Jesus findet, geschieht das durch die Kraft Gottes, die ihr Herz
und ihr Denken geöffnet hat. Die Pharisäer lehrten die Schrift, indem sie
menschliche Argumente benutzten. Jesus gebrauchte die Schrift mit Vollmacht und die Kraft Gottes machte die Worte lebendig.

*Als Jesus seine Rede beendet hatte, waren die Menschen überwäl-
tigt von seiner Lehre, <u>denn er sprach mit Vollmacht – anders als die
Schriftgelehrten</u>.*
Matthäus 7,28-29

Paulus gebrauchte die Schriften ebenfalls in der Vollmacht und Kraft
Gottes, wenn er sprach.

*Aber ich werde kommen – und zwar schon bald –, wenn der Herr
es mir erlaubt, und dann werde ich erfahren, ob diese Leute nur
Schwätzer sind oder ob sie wirklich die Kraft Gottes haben. <u>Denn
das Reich Gottes besteht nicht durch die Worte, mit denen man davon erzählt, es lebt durch die Kraft Gottes</u>.*
1. Korinther 4,19-20

*Denn als wir euch die gute Botschaft brachten, geschah das <u>nicht
nur mit Worten, sondern auch mit Kraft</u>, denn der Heilige Geist gab
euch die Gewissheit, dass wir euch die Wahrheit sagten. Und ihr
wisst auch noch, dass wir euch zuliebe so unter euch gelebt haben.*
1. Thessalonicher 1,5

4. Gottes Kraft wird durch Beten und Fasten freigesetzt

Wir lesen in der Schrift, Beten – oft begleitet von Fasten, setzt Gottes Kraft frei. So können zum Beispiel bestimmte Dämonen nur durch Gebet und Fasten ausgetrieben werden.

> *Jesus antwortete: „Diese Art kann nur durch Gebet ausgetrieben werden."*
> Markus 9,29

Als wir in Afrika waren, haben wir erlebt, dass ein Mann durch unser Beten und Fasten von bösen Geistern befreit wurde. Er hatte eine Ausgabe des Neuen Testaments von einem seiner Freunde bekommen und übergab sein Leben Jesus. Am nächsten Tag fing er an, sich sehr befremdend zu verhalten. Er hörte auf zu essen, zu trinken und zu sprechen. Nach einiger Zeit des Fastens und Betens offenbarten sich die Dämonen und sagten: „Wir werden diesen Mann nie verlassen. Er gehört uns und die ganze Gegend, aus der er kommt, gehört uns." Dann waren die Dämonen wieder still. Wir beriefen uns auf Gottes Wahrheit und sagten, dieser Mann und die Region, aus der er stammte, gehörten Jesus. Nach einiger Zeit wurde die Person befreit und begann, Wasser zu trinken. Dann tanzte er und freute sich, weil Jesus ihn freigemacht hatte.

5. Gottes Kraft ist notwendig, weil unser Kampf in der unsichtbaren Welt stattfindet

Christen, die im Westen aufgewachsen sind, haben nicht so viele Erfahrungen in Bezug auf die unsichtbare geistliche Welt, wie Christen, die in Asien oder Afrika aufgewachsen sind. Als ich in Asien war, um eine Gruppe von Gläubigen zu unterrichten, besuchte ich mit einem Gläubigen eine örtliche Moschee. Auf dem Weg in die Moschee gingen wir durch eine Gegend, die wie ein Markt aussah. Als wir in die Moschee eintraten, beobachtete ich etwas, das ich nicht geglaubt hätte, wenn ich es nicht mit meinen eigenen Augen gesehen hätte. Dutzende Männer und Frauen wanden sich auf dem Boden herum und hingen an Bäumen. Sie waren alle völlig dämonisiert. Einigen kam Schaum aus ihrem Mund und andere schlugen in einer Weise um sich, dass es kaum ohne ernsthafte Verletzungen abgehen konnte. Es war einfach furchtbar, die Kraft des Teufels zu sehen, die sich in diesen kostbaren Menschen zeigte. Die Bibel zeigt klar, dass unser Kampf nicht gegen Fleisch und Blut ist, sondern gegen die Herrscher und Gewalten der Finsternis.

Denn <u>wir kämpfen nicht gegen Menschen aus Fleisch und Blut, sondern gegen die bösen Mächte und Gewalten der unsichtbaren Welt</u>, gegen jene Mächte der Finsternis, die diese Welt beherrschen, und gegen die bösen Geister in der Himmelswelt.
Epheser 6,12

Während es gut ist, sich dieses Kampfes bewusst zu sein, gibt es für uns keinen Grund, ihn zu fürchten. Wir sollten uns in diesem Kampf mit den Mächten der Finsternis engagieren, indem wir wissen, dass wir auf der siegenden Seite stehen, weil Jesus den Sieg bereits am Kreuz errungen hat.

Auf diese Weise hat Gott die Herrscher und Mächte dieser Welt entwaffnet. Er hat sie öffentlich bloßgestellt, indem er durch Christus am Kreuz über sie triumphiert hat.
Kolosser 2,15

6.   Gottes Kraft ruft Machtkämpfe mit dem Reich der Finsternis hervor

Überall, wo Jesus auftauchte, zeigten sich die Mächte der Finsternis in den Menschen, weil sie von der Kraft Gottes bedroht wurden. Es gibt tatsächlich zwei Reiche, die aufeinander prallen, das Königreich des Lichts und das Reich der Finsternis. Wenn eine geisterfüllte Person eine Bedrohung für die Mächte der Finsternis ist, werden diese sich zeigen müssen und das endet oft in einem Machtkampf, der beweist, dass Gottes Kraft der Kraft der Finsternis überlegen ist.

<u>Jesus war kaum aus dem Boot gestiegen, als ihm von den Grabhöhlen her ein Mann entgegenlief, der von einem bösen Geist besessen war. Der Mann entdeckte Jesus schon von weitem. Er lief auf ihn zu, warf sich vor ihm nieder</u>, stieß einen schrecklichen Schrei aus und rief: „Was willst du von mir, Jesus, Sohn des höchsten Gottes? Ich beschwöre dich bei Gott: Quäle mich nicht!"
Markus 5,2.6-7

*Sie lief nun hinter uns her und schrie: „Diese Männer sind Diener
des höchsten Gottes und sind gekommen, um euch zu sagen, wie
ihr gerettet werden könnt." Das wiederholte sich Tag für Tag. Paulus
war schließlich so aufgebracht, dass er sich umdrehte und zu dem
Dämon in ihr sagte: „Ich befehle dir im Namen von Jesus Christus,
aus ihr auszufahren." Und augenblicklich verließ er sie.*
Apostelgeschichte 16,17-18

Einmal, als wir das Evangelium einer Gruppe von Muslimen* in Asien
bezeugten, bemerkten wir eine große Offenheit und tatsächlich wollten viele Jesus nachfolgen. Aber eine Person fing an, sich wie ein Tiger zu benehmen und zu knurren. In der Sprache des Volkes sagte sie zu uns: „Ich werde
euch weiße Männer töten. Du und dein Freund, ihr werdet aufhören, über
Jesus zu sprechen." Nachdem wir nicht verstanden, was der Mann sagte,
blieben wir einfach dort stehen, aber die Leute um uns rannten davon. Die
von Dämonen besessene Person rannte auf uns zu. Wir begannen zu beten
und sie fiel um wie ein Toter. Ein paar Minuten später stand sie befreit auf.

Die meisten unerreichten Stämme auf dieser Welt sind heute in okkul-
te Praktiken verstrickt, sogar wenn sie sich einer der großen Weltreligionen
anschließen. Die Aufgabe ist es, diese kostbaren Menschen mit der Guten
Nachricht zu erreichen und die Kraft des Evangeliums durch das Wirken
des Heiligen Geistes zu offenbaren, damit sie aus der Macht der Finsternis
befreit werden.

Aufforderung

Wählen Sie mindestens eines der folgenden Dinge....

▶ Nehmen Sie sich Zeit zu fasten und zu beten, damit Gott Seine Kraft in Ihrem Leben verstärkt.

▶ Gewöhnen Sie sich an, wöchentlich oder monatlich zu fasten. Wählen Sie einen Tag der Woche oder eine bestimmte Zeit während des Monats für Ihr regelmäßiges Fasten.

▶ Fragen Sie den Herrn, ob es irgendetwas in Ihrem Herzen oder in ihrem Leben gibt, dass Seine Kraft hindert, frei zu fließen. Verbringen Sie einige Zeit mit Hören und Warten auf Seine Antwort.

_____
_____
_____
_____
_____

Kapitel 27

Beharrlichkeit / Ausdauer

ie Bibel spricht sehr oft darüber, wie wichtig Geduld, Ausdauer und Beharrlichkeit sind. In diesem Zeitalter mit Highspeed-Internet und der einfachen Möglichkeit weltweit zu reisen, müssen wir Lektionen über Geduld und Beharrlichkeit von jenen lernen, die den Lauf vor uns gelaufen sind. Wenn Menschen vor hundert Jahren ihr Heimatland verlassen haben, um die unerreichten Stämme Afrikas zu erreichen, hatten sie nicht die Erwartung zurückzukehren. Sie waren total hingegeben und bereit durchzuhalten, bis eine Gemeinde gegründet war oder bis zu ihrem Tod.

1. Beharrlichkeit wird ein persönlicher Segen sein

Denn für uns sind jene <u>gesegnet, die im Leiden durchgehalten haben</u>. Ihr kennt die Geduld Hiobs und wisst, wie der Herr alles zu einem guten Ende führte, denn er ist voll Mitgefühl und Barmherzigkeit.
Jakobus 5,11

Und Gott gab Hiobs Schicksal eine neue Wendung, weil er Fürbitte für seine Freunde getan hatte, ja, er schenkte ihm doppelt so viel, wie er vorher besessen hatte!
Hiob 42,10

Durch Ausdauer und Geduld bekam Abraham einen Sohn mit Sarah und durch diesen segnete Gott alle Völker. Aus der Reihe seiner Enkelkinder ging Jesus Christus hervor, der Retter der Welt. So wurde er tatsächlich ein Segen für alle Völker. Gott schenkte Hanna, nach einer schmerzlichen und langen Wartezeit, Samuel, einen der größten Propheten in der Geschichte. Wir könnten noch viele andere biblische Beispiele für Geduld und

Ausdauer anfügen, die zu großem Segen führten. Durch die Vorbilder von Hiob, Abraham und Hanna lernen wir, dass Beharrlichkeit und Ausdauer großen Segen für denjenigen hervorbringen werden, der standhält.

2. Beharrlichkeit wird Sie in Ihrem persönlichen Leben mit Gott reif und vollkommen machen

Liebe Brüder, wenn in schwierigen Situationen euer Glaube geprüft wird, dann freut euch darüber. Denn wenn ihr euch darin bewährt, <u>wächst eure Geduld. Und durch die Geduld werdet ihr bis zum Ende durchhalten, denn dann wird euer Glaube zur vollen Reife gelangen und vollkommen sein und nichts wird euch fehlen.</u>

Jakobus 1,2-4

Es ist der größte Wunsch unseres Herrn zu erleben, dass Sein Volk reift und im Glauben wächst, damit Er durch uns besonders verherrlicht wird. Jesus bringt das in Johannes 15 zum Ausdruck, wo er das Beispiel mit dem Weinstock verwendet. Die Zweige in unserem Leben, die keine Frucht bringen, werden durch Prüfungen und herausfordernde Situationen beschnitten. Je enger wir mit dem Herrn gehen, desto mehr kann er uns veredeln. Abraham erlebte, was vielleicht eine der schwierigsten Prüfungen ist, die ein Mensch erleben könnte. Als Gott Abraham befahl, seinen Sohn zu opfern, prüfte Er Abrahams Glauben, um ihn mündig und vollkommen zu machen, damit ihm nichts mehr mangelte.

3. Beharrlichkeit in Schwierigkeiten wegen der vor euch liegenden Freude

Freut euch auf alles, was Gott für euch bereithält. <u>Seid geduldig, wenn ihr schwere Zeiten durchmacht,</u> und hört niemals auf zu beten.

Römer 12,12

... und wir sehen voller Freude <u>der Herrlichkeit Gottes entgegen.</u>

Römer 5,2

Ein Gläubiger hat die Hoffnung, dass er die Herrlichkeit Gottes eines Tages von Angesicht zu Angesicht sehen wird, und das ist eine beständige

Quelle der Freude, egal mit welchen Situationen im Leben er konfrontiert sein könnte.

Und in dieser Hoffnung werden wir nicht enttäuscht werden. Denn wir wissen, wie sehr Gott uns liebt, weil er uns den Heiligen Geist geschenkt hat, der unsere Herzen mit seiner Liebe erfüllt.
Römer 5,5

In herausfordernden Situationen möchte der Teufel die Hoffnung auf die Herrlichkeit Gottes wegnehmen. Deshalb werden wir ermutigt, in Trübsal auszuharren und beständig zu beten. Durch Ausdauer und beständiges Gebet kann man sich immer über die Herrlichkeit Gottes freuen, egal mit welcher Situation man konfrontiert sein könnte, weil man weiß, dass diese Hoffnung uns NIEMALS enttäuschen wird.

4. Bleiben Sie dran an Ihrer Vision

Aber wenn wir auf etwas hoffen, das wir noch nicht sehen, müssen wir mit Geduld und Zuversicht darauf warten.
Römer 8,25

Wenn ein Volk das prophetische Wort nicht annimmt, verliert es jeden Halt. Aber glücklich ist es, wenn es sich an Gottes Gesetz hält!
Sprüche 29,18

Ein Gemeindegründer, vor allem in einer Pioniersituation, muss sich vollkommen für die Vision einsetzen, die er vom Heiligen Geist bekommen hat, auch wenn sich in seinem natürlichen Bereich absolut nichts tut. Das wird ihm helfen, mit Geduld und freudiger Spannung auf die Erfüllung in der sichtbaren Welt zu warten. Ein Gemeindegründer ohne Vision könnte „den Halt verlieren" oder gar seine Arbeit aufgeben und etwas anderes machen.

5.   Beharrlichkeit führt zur Ernte

Deshalb werdet nicht müde zu tun, was gut ist. Lasst euch nicht ent-
mutigen und gebt nie auf, denn zur gegebenen Zeit werden wir auch
den entsprechenden Segen ernten.
Galater 6,9

Deshalb bleibt fest und unerschütterlich im Glauben, liebe Freunde,
und setzt euch mit aller Kraft für das Werk des Herrn ein, denn ihr
wisst ja, dass nichts, was ihr für den Herrn tut, vergeblich ist.
1. Korinther 15,58

Mehr als je zuvor in der Geschichte, erleben wir heute viel Frucht unter
unerreichten Stämmen, sogar muslimischen, auf der ganzen Welt. Wir leben in einer spannenden Zeit, da wir glauben, dass das Ende der Welt nahe
kommt und wir haben das Versprechen des Herrn, dass er mehr von Seinem
Geist ausgießen wird (Joel 2). Laut Garrison hatten bis zum Ende des 20.
Jahrhunderts nur:[1]

„[....] zehn Bewegungen muslimischer Gemeinschaften hin zum
Glauben an Christus stattgefunden. In den ersten 12 Jahren des 21.
Jahrhunderts sind jedoch weitere 64 Bewegungen unter Muslimen,
die sich Jesus zuwendeten, aufgetreten. Diese Bewegungen des 21.
Jahrhunderts, beschränken sich nicht auf ein oder zwei Ecken die-
ser Erde. Sie treten in der ganzen muslimischen Welt auf: in Afrika
südlich der Sahara, in der persischen Welt, in der Arabischen Welt,
in Turkestan, in Südasien und Südostasien. Es tut sich etwas – etwas
Historisches, etwas Unvorhergesehenes. Früher oder später, wird
die Ernte auf jedem Feld reif sein. Die Bibel ermutigt uns, nicht
müde zu werden, sondern das Werk, zu dem der Herr uns berufen
hat, treu auszuführen. Wenn wir standhaft bleiben und uns im Werk
des Herrn bewähren, können wir 100 Prozent sicher sein, dass keine
unserer Mühen vergeblich sein wird."

---

1   Uebersetzt von: Garrison, D. (2013, July/August). God is Doing Something
     Historic. Mission Frontiers, 9.

Aufforderung

Wählen Sie mindestens eines der folgenden Dinge....

▶ Gibt es eine Prüfung oder eine herausfordernde Situation, mit der Sie gerade konfrontiert sind? Bitten Sie Gott, dadurch Beharrlichkeit und Ausdauer in Ihrem Charakter zu bewirken.

_____

_____

_____

▶ Bitten Sie den Herrn, Ihnen Seine Vision und Seine Träume für die Menschen, unter denen sie arbeiten, zu zeigen. Bitten Sie Ihn um die Fähigkeit, im Geist zu sehen, was in der natürlichen Welt noch nicht sichtbar ist und harren Sie dann aus, bis es in Erfüllung geht.

_____

_____

_____

_____

_____

Kapitel 28

Verfolgung

Seien Sie bereit, verfolgt zu werden!

1. Jedem Gläubigen ist Verfolgung verheißen

Jeder, der an Christus Jesus glaubt und ein Leben zur Ehre Gottes führen will, wird Verfolgung erleben.
2. Timotheus 3,12

Manche werden in der Schule oder an ihrem Arbeitsplatz verspottet, weil sie für Jesus eintreten und andere verlieren ihre Arbeit oder einige ihrer Besitztümer wegen Ihm. Einige werden für ihren Glauben ins Gefängnis gebracht, während andere von ihren Familien und Freunden getrennt werden. Andere erfahren körperliche Folter oder Tod. Egal welche Art der Verfolgung wir erfahren, wir wissen, dass der Herr uns nie in unserem Leiden allein lassen wird.

Meine lieben Freunde, erschreckt nicht über die schmerzhaften Prüfungen, die ihr jetzt durchmacht, als wären sie etwas Ungewöhnliches.
1. Petrus 4,12

Petrus erinnert uns, dass Verfolgung keine Überraschung für uns sein sollte. Das bedeutet, dass wir uns eigentlich so gut wie möglich darauf vorbereiten sollten. Wir bereiten uns auf viele Dinge im Leben vor: unser Studium, unsere Arbeit, den Sport, usw. Als Christen und besonders als Gemeindegründer unter unerreichten Völkern müssen wir uns selbst, unsere Ehen, unsere Familien, unser Team und unsere erweiterten Gemeinschaften auf Verfolgung vorbereiten. Die Frage ist nicht, ob Verfolgung kommen wird, sondern wann.

Wir müssen sehr konkret sein, wenn wir darüber sprechen, uns auf Leiden vorzubereiten. Die Bibel fordert uns auf, die Kosten zu überschlagen, bevor wir ein Haus bauen, damit wir nicht darin beschämt werden, falls wir es nicht fertig bauen können. Als Vater Zakaria Botros gefragt wurde, wie er mit dem Wissen leben könne, dass eine Prämie von einer Million Dollar auf ihn ausgesetzt war, antwortete er: „An dem Tag, als der Herr mich in diesen Dienst berief, bin ich gestorben; jeder Tag seither war einfach Seine Gnade."

Denn durch die Taufe sind wir mit Christus gestorben und begraben. Und genauso wie Christus durch die herrliche Macht des Vaters von den Toten auferstanden ist, so können auch wir jetzt ein neues Leben führen.
Römer 6,4

> **„An dem Tag, als der Herr mich in diesen Dienst berief, bin ich gestorben; jeder Tag seither war einfach Seine Gnade."**

Wir können uns auch mit unseren Ehepartnern vorbereiten, indem wir darüber sprechen und beten, sodass es leichter sein wird, das Leiden zu bewältigen, wenn es eintritt. Lesen Sie Ihren Kindern Biografien früherer kulturübergreifender Arbeiter* vor, um sie auf das Leiden ihrer Eltern oder gar ihr eigenes Leiden vorzubereiten. Die Serie „Abenteurer Gottes" für Kinder ist ein Segen für unsere Familie gewesen.

Mein Sohn hat viele dieser Biografien gelesen und eines Tages sagte er: „In jeder Biografie, die ich gelesen habe, waren die Männer oder Frauen entweder im Gefängnis, wurden gefoltert oder getötet. Du hast nichts davon erlebt, bist du ein Missionar*?" Welch großes Verständnis mein Sohn durch diese Bücher erlangte! Die Geschichten dieser Heiligen verdeutlichten ihm, dass ein Missionar* bereit sein muss, für Christus zu leiden.

Auch ein Team muss das Thema Verfolgung aufgreifen, damit die Teammitglieder wissen, wie sie sich verhalten sollen, wenn ein Teammitglied mit Verfolgung konfrontiert ist. Der Teamleiter kann sich zum Beispiel öffentlich hinter die Person oder das Paar, die verfolgt werden stellen, während sich das restliche Team von der Situation distanziert, um zu vermeiden, dass sie möglicherweise ausgewiesen werden. Oder das gesamte

Team kann entscheiden, geschlossen hinter jedem zu stehen, der mit Verfolgung konfrontiert ist. Die Leute müssen wissen, wie sie reagieren sollen, wenn Verfolgung kommt.

2. Freut euch in Leiden

Wir freuen uns auch dann, wenn uns Sorgen und Probleme bedrängen, denn wir wissen, dass wir dadurch lernen, geduldig zu werden. Geduld aber macht uns innerlich stark, und das wiederum macht uns zuversichtlich in der Hoffnung auf die Erlösung. Und in dieser Hoffnung werden wir nicht enttäuscht werden. Denn wir wissen, wie sehr Gott uns liebt, weil er uns den Heiligen Geist geschenkt hat, der unsere Herzen mit seiner Liebe erfüllt.

Römer 5,3-5

Liebe Brüder, wenn in schwierigen Situationen euer Glaube geprüft wird, dann freut euch darüber. Denn wenn ihr euch darin bewährt, wächst eure Geduld.

Jakobus 1,2-3

Und wir wissen, dass für die, die Gott lieben und nach seinem Willen zu ihm gehören, alles zum Guten führt.

Römer 8,28

Denken Sie daran, dass *alle Dinge* zum Guten mitwirken, denen, die Gott lieben, deshalb rühmen sie den Herrn allezeit.

3. Verfolgung ergänzt, was an den Leiden Jesu fehlt

Ich freue mich, wenn ich für euch leiden darf, denn Christus hat für seinen Leib, die Gemeinde, gelitten. Nun gebe ich meinen Körper für das, was an seinen Leiden noch fehlt.

Kolosser 1,24

Es ist aus theologischer Sicht eindeutig, dass man den Leiden Jesu nichts hinzufügen kann. Jesus hat das Werk der Errettung am Kreuz vollendet. Wenn Paulus davon spricht, dass von den Leiden Jesu noch etwas „fehlt", bezieht er sich auf seine persönlichen Drangsale als Gemeindegründer, wodurch er den Ungläubigen vorlebt, welche Leiden Christus für sie erduldet hat.

4. Wenn Sie leiden, dann sind sie von Gott gesegnet

> *Freut euch, wenn ihr beschimpft werdet, weil ihr zu Christus gehört. Denn daran wird sichtbar, dass der Geist der Herrlichkeit Gottes bei euch ist.*
>
> 1. Petrus 4,14

> <u>*Gott segnet euch, wenn ihr verspottet und verfolgt werdet*</u> *und wenn Lügen über euch verbreitet werden, weil ihr mir nachfolgt*
>
> Matthäus 5,11

> *Doch <u>selbst wenn ihr dafür leidet, dass ihr das Richtige tut: Gott wird euch dafür belohnen</u>. Also habt keine Angst und seid unbesorgt.*
>
> 1. Petrus 3,14

Wir alle werden gerne gesegnet und segnen andere. Die Bibel sagt, dass Leiden ein Segen sind, aber das gefällt uns oft nicht, wenn wir über Leiden nachdenken. Warum werden Leiden als Segen betrachtet? Ein Grund, den wir in den obigen Bibelstellen sehen, ist der, dass Leiden für Christus ein Zeichen sind, dass der Geist der Herrlichkeit Gottes auf uns ruht. Verfolgung macht einen Menschen entweder besser oder bitter. Wir müssen ein demütiges Herz haben, in völliger Abhängigkeit von Gott, sodass Leiden wirklich ein Segen für uns sein werden und nicht ein Anlass, den Glauben aufzugeben.

Verfolgung macht einen Menschen entweder besser oder bitter.

5. Schämen Sie sich nicht, wenn Sie für Christus leiden

> *Doch es ist keine Schande, dafür zu leiden, dass man Christ ist. Ihr sollt Gott vielmehr dafür loben, dass ihr zu Christus gehört!*
>
> 1. Petrus 4,16

Schäme dich also niemals, vor anderen Menschen unseren Herrn
zu bezeugen. Und schäme dich auch nicht für mich, obwohl ich für
Christus im Gefängnis bin. Sei vielmehr durch die Kraft, die Gott
dir gibt, bereit, gemeinsam mit mir für die Verbreitung der guten
Botschaft zu leiden.
2. Timotheus 1,8

Wenn wir für Christus leiden, bringen wir seinem Namen Ehre, nicht
Schande. Wir müssen jede Beschämung in unserem Herzen überwinden
und diese Wahrheit jungen Gläubigen mitteilen, die oft beschuldigt werden, ihre Familien zu verraten und daher Schande über sie zu bringen. Für
Jesus zu leiden ist KEIN Grund sich vor Gott zu schämen, selbst wenn wir
von den Menschen beschämt werden.

6. Segnet die euch verfolgen und tut weiterhin Gutes

Wenn ihr verfolgt werdet, weil ihr zu Christus gehört, dann ver-
flucht eure Verfolger nicht, sondern erbittet den Segen Gottes für sie.
Römer 12,14

Wenn ihr also leidet, weil Gott es so will, dann hört nicht auf, Gutes
zu tun, und vertraut euch Gott an, der euch geschaffen hat. Er wird
treu zu euch stehen!
1. Petrus 4,19

Die Kraft von tätiger Liebe und Vergebung hilft dem bedrängten Christen dabei, seine Verfolger zu segnen. Nur durch die Verbundenheit mit Jesus und die liebliche Gemeinschaft des Heiligen Geistes ist man fähig, seine
Feinde zu segnen und weiterhin Gutes zu tun. Als Gemeindegründer müssen wir vorbereitet sein, unsere Feinde zu segnen, egal in welcher Situation
wir uns befinden. Denken Sie daran, wir kämpfen nicht gegen Fleisch und
Blut, sondern gegen die bösen Geister, von denen jene Menschen geleitet
werden, die Jesus nicht kennen.

Denn wir kämpfen nicht gegen Menschen aus Fleisch und Blut, son-
dern gegen die bösen Mächte und Gewalten der unsichtbaren Welt,
gegen jene Mächte der Finsternis, die diese Welt beherrschen, und

gegen die bösen Geister in der Himmelswelt.
Epheser 6,12

Wenn wir unseren Verfolgern von Angesicht zu Angesicht gegenüber stehen, müssen wir beten, dass Gott uns hilft, sie als Menschen zu betrachten, die nicht wissen was sie tun, und die Jesus notwendig brauchen.

7.   Leiden werden Ihnen helfen, andere zu trösten

Gepriesen sei Gott, der Vater von Jesus Christus, unserem Herrn. Er ist der Ursprung aller Barmherzigkeit und der Gott, der uns trös-tet. In allen Schwierigkeiten tröstet er uns, damit wir andere trös-ten können. Wenn andere Menschen in Schwierigkeiten geraten, können wir ihnen den gleichen Trost spenden, wie Gott ihn uns ge-schenkt hat.
2. Korinther 1,3-4

Gott lässt oft zu, dass Ihnen etwas passiert, damit Sie lernen und dann anderen durch Ihre Erfahrung ein Segen sein können. Wenn der Herr es zulässt, dass Sie um seines Namens willen leiden, möchte Er, dass Sie diesen Segen nutzen, um anderen, die vielleicht in ähnlichen Situationen stecken, zu dienen und sie zu trösten.

8.   Für Christus zu leiden wird als Vorrecht betrachtet

Denn ihr habt nicht nur das Vorrecht, an Christus zu glauben, ihr dürft auch für ihn leiden.
Philipper 1,29

Ich denke oft darüber nach, welches Vorrecht ich besitze, Jesus zu ken-nen und Sein Kind zu sein, ein Vorrecht, welches so viele Millionen Men-schen in meiner Umgebung nicht haben. Aber dieser Vers geht noch weiter und spricht nicht nur von dem Vorrecht, an Jesus zu glauben, sondern auch von der Ehre für Ihn zu leiden.

Ein Freund von mir wurde so schrecklich gefoltert, dass er es ‚mensch-lich gesprochen, gar nicht hätte überleben sollen. Ich hatte das Vorrecht, wenige Tage nachdem er auf wunderbare Weise freigelassen worden war, ihn zu besuchen und sein Zeugnis zu hören. Die Freude Jesu, die er widerspiegelte, die Ausstrahlung Jesu in seinem Gesicht und die liebliche Gemeinschaft des Heiligen Geistes in seinem Leben ließen viele von uns erkennen, welches Vorrecht er hatte, für Christus zu leiden und die übernatürliche Verbundenheit mit Jesus zu erleben.

Denken Sie daran, sich zu freuen, wenn Sie Verfolgung erfahren. Wie bereiten Sie sich, Ihre Familie und Ihr Team auf Verfolgung vor? Leiden sind ein Vorrecht, deshalb, rühmen Sie sich darin!

Aufforderung

Wählen Sie mindestens eines der folgenden Dinge....

▶   Sprechen Sie mit ihrem Ehepartner und Ihren Kindern über mögliche Verfolgung.

▶   Erstellen Sie als Team einen Plan, der klar festlegt, wie Sie sich in einer potenziellen Situation verhalten wollen.

_____

_____

_____

▶   Berichten sie jemandem über einen Zeitpunkt, als Sie um Seinetwillen gelitten haben und danken Sie Gott für den Segen, der aus diesen Bedrängnissen entsprang.

_____

_____

_____

Kapitel 29

Gläubige vor Ort

Gott hat Millionen Arbeiter* geschenkt, die in der Nachbarschaft unerreichter Völker leben, damit sie Seine Ernte einbringen. Gläubige vor Ort sind Leute einer erreichten Volksgruppe*, die aber oft die gleiche Sprache sprechen, die gleiche Kultur haben und/oder mit dem unerreichten Volk im selben Land, in derselben Stadt leben. Während sie sich kulturell und linguistisch nahestehen, verhindern Stammesgrenzen, dass sich das Evangelium von dem glaubenden Stamm in den unerreichten Stamm ausbreitet. Viele dieser Gläubigen vor Ort haben Jahre oder Jahrzehnte unter unerreichten Völkern gelebt, ohne sich als potentielle Gemeindegründer zu betrachten. An vielen Orten auf der Erde, sind Menschen in dem Denken festgefahren, dass Gemeindegründer vollzeitliche Pastoren oder Evangelisten sein müssen. Wir müssen allerdings bedenken, dass alle Gläubigen zum allgemeinen Priestertum gehören.

> *Aber ihr seid anders, denn ihr seid ein <u>auserwähltes Volk. Ihr seid eine königliche Priesterschaft, Gottes heiliges Volk</u>, sein persönliches Eigentum. So seid ihr ein <u>lebendiges Beispiel für die Güte Gottes</u>, denn er hat euch aus der Finsternis in sein wunderbares Licht gerufen.*
> 1. Petrus 2,9

In der Erkenntnis, dass alle Gläubigen Teil des Priestertums sind, liegt ein Potential, wodurch Tausende Gemeindegründer mobilisiert werden könnten. Generell fehlt es an einfachen Schulungen bezüglich kulturübergreifender Dienste, die Themen abdecken, wie das Bezeugen des Evangeliums in angepasster Weise, Jüngerschaftsfragen, Hausgemeinden*, und Multiplikation. Ein gutes Nachschlagewerk zu diesem Thema ist *„Und Ihr sollt ein Segen sein"* (VTR Verlag Nürnberg, Deutschland, ISBN 978-3-933372-04-8).

1. Gottes gewaltiges Werk im Globalen Süden

1960 lebten ungefähr 75 Prozent aller wiedergeborenen Christen im Globalen Norden, nämlich in Europa und Nordamerika. 2013 lebten mindestens 75 Prozent der evangelikalen Christen im Globalen Süden, nämlich in Asien, Afrika und Südamerika. Der Heilige Geist hat ein gewaltiges Werk in diesen unerreichten Gebieten getan, wo das Evangelium hunderte Jahre lang nicht präsent war. Gott hat das Profil des Christentums in der Welt innerhalb der letzten 50 Jahre verändert, und die, welche die Letzten waren, sind jetzt die Ersten.

> *Genauso ist es bei Gott: Viele, die jetzt die Ersten sind, werden die Letzten sein, und die, die jetzt die Letzten sind, werden dann die Ersten sein.*
> Matthäus 20,16

Jesaja prophezeite in Kapitel 52,15 und Paulus bestätigte es in Römer 15,21:

> *Die Menschen, denen er noch nie verkündet wurde, sollen es sehen, und die, die noch nie von ihm gehört haben, sollen es verstehen.*
> Römer 15,21

2. Die örtliche Gemeinde ist Gottes Gegenwart an diesem Ort

Überall, wo es eine Gemeinde gibt, repräsentiert sie den Leib Christi und Jesus ist das Haupt davon. Die Gemeinde ist ein Licht inmitten der Finsternis.

Gott sagte zu Josua:

> *Ich sage dir zu, was ich schon Mose versprochen habe: Wohin ihr auch geht, werdet ihr Land betreten, das ich euch geschenkt habe.*
> Josua 1,3b

Die Israeliten repräsentierten zu der Zeit das Reich Gottes auf der Erde. Für Josua war es wichtig seinen Fuß auf das Land zu setzen, um es in Besitz zu nehmen.

Paulus sagt, dass die Gemeinde heute die Fülle der sichtbaren Existenz des Leibes Christi auf der Erde darstellt.

> Gott hat alles der Herrschaft von Christus unterstellt und hat Christus als Herrn über die Gemeinde eingesetzt. Die Gemeinde aber ist sein Leib, und sie ist erfüllt von Christus, der alles ganz mit seiner Gegenwart erfüllt.
> Epheser 1,22-23

> Gottes Absicht war es, _dass Mächte und Gewalten im Himmel durch seine Gemeinde den Reichtum seiner Weisheit erkennen._
> Epheser 3,10

Die Gemeinde repräsentiert Gottes mannigfaltige Weisheit vor den Mächten und Gewalten in der Himmelswelt. Daher sollten wir an dem jeweiligen Ort nie die Gemeinde vernachlässigen.

Überall, wo es eine Gemeinde gibt, repräsentiert sie den Leib Christi und Jesus ist das Haupt davon. Die Gemeinde ist ein Licht inmitten der Finsternis.

3. Arbeiter* aus dem Globalen Süden und Arbeiter* aus dem Westen werden den Auftrag gemeinsam erfüllen

Der Auftrag, den wir von Jesus bekommen haben und der allgemein als der Missionsbefehl bezeichnet wird, ist eine große Aufgabe. Wenn der Auftrag bald erledigt sein soll, brauchen wir viele Arbeiter*, die bereit sind das Evangelium in jede Kultur zu bringen.

> Deshalb sagte er zu seinen Jüngern: „Die Ernte ist groß, aber es sind nicht genügend Arbeiter da. Betet zum Herrn und _bittet ihn, mehr Arbeiter zu schicken, um die Ernte einzubringen._"
> Matthäus 9,37-38

Westliche Missionare* und Christen aus dem Globalen Süden, die zusammenarbeiten, werden den Auftrag erfüllen können. Jede Kultur bringt eine spezielle Stärke an den Tisch. Ich persönlich habe Segen erfahren durch die besondere Begabung, die meine koreanischen Kollegen auf dem

Gebiet des Betens hatten; durch Weisheit und Erfahrung in Gemeindebau-Bewegungen meiner chinesischen Kollegen; und durch die Erfahrung, Dämonen auszutreiben einiger meiner afrikanischen Kollegen. Aus dem Westen kommend, habe ich den Schatz des reichen Erbes einer langen Kirchengeschichte erfahren. Gott möchte Arbeiter* von überall verwenden, um den unerreichten Völkern dieser Erde das Evangelium zu bringen.

4. Angepasste Sendungsstrukturen für Bewegungen aus dem Globalen Süden

Oft leben starke und fruchtbringende Christen in großer Nähe zu unerreichten Volksgruppen*, aber es geschieht nicht automatisch, dass sie evangelisieren. Diese Christen müssen geschult und motiviert werden, zu den benachbarten, unerreichten Völkern zu gehen. Paulus' Lebensweise, als Zeltmacher gezielt das Evangelium zu bezeugen, während man in seinem Beruf arbeitet, ist eine effektive Methode, wie Christen im Globalen Süden die Gute Nachricht vom Reich Gottes verbreiten können.

Mir ist eine Situation bekannt, wo eine Gruppe von Kirchen über 50 Jahre lang neben Dutzenden unerreichten Volksgruppen* existierte. Innerhalb von vier Jahren, nach einigem Training und Gebet, schickte diese Konfession mehr als 80 Arbeiter* aus, damit sie in ihren Berufen arbeitend unter diesen nächstgelegenen, unerreichten Volksgruppen* lebten.

„Das letzte Kapitel der Weltmission: Perspektiven zur Vollendung" (VTR Verlag Nürnberg, Deutschland, ISBN: 3-937965-61-0) ist ein großartiges Buch für alle, die mehr darüber erfahren möchten.

5. Erreichen der unerreichten Volksgruppen* durch Gemeindeteams

Durch die Globalisierung wurde die Welt zu einem Dorf. Oft leben Christen und unerreichte Volksgruppen* gemeinsam in derselben Stadt oder Region. Aufgrund kultureller Unterschiede haben diese unerreichten Volksgruppen* oft keinen oder wenig Kontakt mit den Christen. Die Christen müssen besondere Mühe aufwenden und Teams zusammenstellen, welche die Vision haben, einen kulturübergreifenden Dienst zu tun und die Gute Nachricht den unerreichten Völkern, die unter ihnen leben, zu bringen.

Während eines Schulungsseminars, das ich für ungefähr 100 Pastoren und Gemeindeleiter in Nairobi, Kenia leitete, bat ich diese, ihre Hände zu heben, wenn ihre Gemeinde einen Dienst für eine bestimmte Menschengruppe hatte. Als ich die üblichen Gemeindedienste nannte, wie wöchentliche Bibelkreise, Gebet, Frauengruppen, Jugendarbeit und Chor, hoben fast alle ihre Hand. Allerdings hob keine einzige Person eine Hand, als ich fragte, ob es einen Dienst gab, der eine Kultur überschreitende Arbeit unter den unerreichten Muslimen* ihrer Städte umfasste. Anschließend traten einige Leiter auf mich zu und sagten: „Das wird sich jetzt ändern – wir müssen Gemeindeteams aufstellen, die sich um diese unerreichten Menschen bemühen werden."

Aufforderung

Wählen Sie mindestens eines der folgenden Dinge....

▶   Beten Sie für Gemeindeleiter in Ihrer Stadt. Besuchen Sie diese und
    teilen Sie Ihre Last für die Unerreichten mit ihnen. Schreiben Sie eini-
    ge Namen auf:

    _____

    _____

    _____

▶   Beten Sie und investieren Sie einen Teil Ihrer Zeit, um Gläubige vor
    Ort auszurüsten und Sie werden Ihre Gemeindebau-Bemühungen ver-
    vielfachen.

Kapitel 30

Präsenz in Gemeinschaften

Jesus selbst verbrachte drei Jahre mit den zwölf Männern, die Er in Seine Nachfolge berufen hatte. Er verbrachte Zeit mit ihnen, teilte sein Leben mit ihnen und ernannte sie zu den Aposteln, welche die Gute Nachricht in die ganze Welt hinaustragen sollten.

1. Jesus, unser Vorbild, dem wir folgen

Jesus ist unser Vorbild; Er zeigte uns, was es bedeutet, unter den Menschen zu leben, die Er erreichen wollte. Er verließ den Himmel und beschloss, unter uns zu wohnen, damit wir Ihn sehen, Ihn berühren und Ihn hören konnten.

> _Geht so miteinander um, wie Christus es euch vorgelebt hat. Obwohl er Gott war, bestand er nicht auf seinen göttlichen Rechten. Er verzichtete auf alles; er nahm die niedrige Stellung eines Dieners an und wurde als Mensch geboren und als solcher erkannt. Er erniedrigte sich selbst und war gehorsam bis zum Tod, indem er wie ein Verbrecher am Kreuz starb._
>
> Philipper 2,5-8

> _Es war von Anfang an, wir haben es gehört und mit unseren eigenen Augen gesehen, wir haben es betrachtet und mit unseren Händen betastet: das Wort des Lebens._
>
> 1. Johannes 1,1

Wir können unter den Menschen, die wir erreichen wollen, wohnen und ihnen die Chance geben, das Evangelium nicht nur zu hören, sondern auch zu sehen, zu berühren und zu erleben. Wir sind Christi lebendiger Brief.

*Der einzige Empfehlungsbrief, den wir brauchen, seid ihr selbst!
Euer Leben ist wie ein Brief, der in unsere Herzen geschrieben wurde. Jeder kann ihn lesen und erkennen, was wir unter euch getan haben. <u>Ihr seid ein Brief Christi, von uns geschrieben</u>, aber nicht mit
Tinte, sondern mit dem Geist des lebendigen Gottes: nicht auf Stein-
tafeln, sondern in die Herzen der Menschen*

2. Korinther 3,2-3

2.   Der kulturübergreifende Dienst des Paulus

*Das bedeutet, dass <u>ich an niemanden gebunden bin</u>. Dennoch habe
ich mich <u>zum Diener aller</u> gemacht, um <u>möglichst viele für Christus
zu gewinnen</u>. Den Juden bin ich einer von ihnen geworden, <u>um sie
für Christus zu gewinnen</u>. Bei denen, die sich an das Gesetz halten,
verhalte ich mich ebenso – obwohl ich nicht unter dem Gesetz stehe
–, <u>damit ich sie für Christus gewinne</u>. Wenn ich bei Nichtjuden bin,
die das jüdische Gesetz nicht haben, passe ich mich ihnen so weit wie
möglich an, <u>um sie für Christus zu gewinnen</u>. Allerdings lasse ich
Gottes Gesetz dabei nicht außer Acht, sondern befolge das Gesetz,
das ich von Christus habe. Wenn ich bei den Schwachen bin, werde
ich bei ihnen wie ein Schwacher, <u>um sie für Christus zu gewinnen</u>.
Ja, ich versuche bei allen Menschen eine gemeinsame Grundlage zu
finden, <u>um wenigstens einige von ihnen für Christus zu gewinnen</u>.
All das tue ich, um Gottes gute Botschaft zu verbreiten, damit auch
ich Anteil an ihrem Segen erhalte.*

1. Korinther 9,19-23

> **Die einzig legitime Motivation, die es für Kontextualisierung*
> gibt, ist das Gewinnen von Seelen.**

Paulus war ein freier Mensch, freigemacht durch Jesus, aber er machte
sich zu einem Sklaven der Menschen, die er für Christus gewinnen wollte.
Die einzig legitime Motivation, die es für Kontextualisierung* gibt, ist das
Gewinnen von Seelen. Unser Leben sollte der Gemeinschaft, in der wir leben, nichts anderes verkünden, als die Botschaft von Jesus.

Sondern ich hatte mir vorgenommen, mich <u>allein auf Jesus Christus</u>
<u>und seinen Tod am Kreuz zu konzentrieren</u>.
1. Korinther 2,2

3. Seien Sie freundlich – seien Sie Gute Nachricht

Wenn Sie in eine Gemeinschaft kommen, um diese für Christus zu gewinnen, seien Sie freundlich. Kleine Dinge können Türen öffnen, um die Herzen der Menschen zu gewinnen.

Kurz darauf kam eine Samariterin, um Wasser zu schöpfen. Jesus
sagte zu ihr: „<u>Bitte, gib mir zu trinken</u>."
Johannes 4,7

Als Paulus nun vor dem Rat stand, rief er: „<u>Männer von Athen, ich</u>
<u>habe bemerkt, dass ihr den Göttern besonders zugewandt seid</u>."
Apostelgeschichte 17,22

... Paulus wohnte und arbeitete bei ihnen, denn sie waren, wie er,
von Beruf Zeltmacher.
Apostelgeschichte 18,2-3

Seien Sie gute Nachricht und bringen sie gute Nachricht für die Menschen. Greifen Sie nicht ihre Kultur oder ihr Verhalten an; suchen und bestärken Sie vielmehr Stärken in der Kultur und bezeugen sie ihnen dann die Gute Nachricht von Jesus.

4. Seien Sie ein Segen für die Gemeinschaft

Was immer sie tun können, um die Gemeinschaft zu segnen – tun sie es. Das ist ein Teil des Evangeliums. Bezeugen Sie die Liebe Jesu auf praktische Weise.

Denkt daran: Wer das Gute kennt und es nicht tut, der macht sich
schuldig.
Jakobus 4,17

Arbeit von Hilfswerken, das Geschäftsleben, Bildung und Gesundheitswesen sind Beispiele für großartige Möglichkeiten, sich in Gemeinschaften einzubringen. Manche Leute könnten sich einer Gemeinschaft anschließen und den Segen Jesu hinbringen durch die Zeichen des Reiches Gottes, indem sie das Evangelium predigen, Kranke heilen und Dämonen austreiben. Der Segen von Zeichen und Wundern geht oft einher mit praktischen Liebestaten und Dienst an der Gemeinschaft.

> *Wenn eine Stadt euch willkommen heißt,* <u>*dann esst, was euch vorgesetzt wird, heilt die Kranken und sagt dabei: „Das Reich Gottes ist nahe bei euch."*</u>
> Lukas 10,8-9

5. Bringen Sie Jesus in die Gemeinschaften und erleben Sie ihre Umgestaltung

> *Die Frau ließ ihren Krug neben dem Brunnen stehen, lief ins Dorf zurück und erzählte allen:* <u>*„Kommt mit und lernt einen Mann kennen, der mir alles ins Gesicht gesagt hat, was ich jemals getan habe!*</u> *Könnte das vielleicht der Christus sein?"* <u>*Als sie dann mit Jesus zusammentrafen,*</u> *baten sie ihn, bei ihnen zu bleiben.* <u>*Deshalb blieb er noch zwei Tage und noch viel mehr Menschen hörten seine Botschaft und glaubten an ihn.*</u> *Zu der Frau sagten sie: „Nun glauben wir,* <u>*weil wir ihn selbst gehört haben,*</u> *und nicht nur aufgrund deiner Worte. Jetzt* <u>*wissen wir, dass er wirklich der Retter der Welt ist."*</u>
> Johannes 4,28-29.40-42

Jesus trat in den Lebenskreis der samaritischen Frau ein und ein Teil ihres Dorfes wurde errettet. Petrus traf Kornelius und durch ihn wurde seine erweiterte Verwandtschaft gerettet (Apostelgeschichte 10). Die Beziehungen von Paulus zu Lydia und dem Kerkermeister führten dazu, dass ihre beiden Familien in das Reich Gottes gelangten (Apostelgeschichte 16, 11-15,22-34).

Wie können Sie sich in die Gemeinschaft einbringen, die Sie erreichen wollen? Wie können Sie ihr die Gute Nachricht bringen?

Aufforderung

Wählen Sie mindestens eines der folgenden Dinge....

▶ Notieren Sie einige positive Eigenschaften Ihrer Gastgeber-Kultur.

_____

_____

_____

_____

_____

▶ Welche praktischen Möglichkeiten gibt es, Gemeinschaften, die Sie mit dem Evangelium erreichen wollen, zu segnen und ihnen zu dienen?

_____

_____

_____

_____

_____

Kapitel 31

Partnerschaft

Wenn wir eine Partnerschaft mit anderen eingehen, erkennen wir an, dass wir nicht alle Gaben und Ressourcen besitzen, die wir brauchen. Die Einheit und gegenseitige Abhängigkeit, die daraus entsteht, offenbart der Welt die Liebe Gottes.

> So wie euer _Körper viele Teile_ und jeder Körperteil seine besondere Funktion hat, so verhält es sich auch mit dem Leib Christi. Wir sind alle Teile seines einen Leibes, und jeder von uns hat eine andere Aufgabe zu erfüllen. Und da wir alle in Christus ein Leib sind, gehören wir zueinander, und _jeder Einzelne ist auf alle anderen angewiesen._
>
> Römer 12,4-5

> _„Eure Liebe zueinander wird der Welt zeigen, dass ihr meine Jünger seid."_
>
> Johannes 13,35

1. Die Dreieinigkeit

Unser erster und wichtigster Partner ist Gott, der uns in Seiner Arbeit durch den Heiligen Geist, der in uns wohnt, führen möchte. Er wird uns im Gebet helfen, uns Seine Pläne offenbaren und uns in alle Wahrheit führen. Er ist in allem, was wir tun, unser wichtigster Partner.

> _Der Heilige Geist hilft uns in unserer Schwäche._ Denn wir wissen ja nicht einmal, worum oder wie wir beten sollen. Doch _der Heilige Geist betet für uns_ mit einem Seufzen, das sich nicht in Worte fassen lässt.
>
> Römer 8,26

> _Gott, der Herr, tut nichts, ohne sein Geheimnis vorher seinen Dienern, den Propheten, anvertraut zu haben._
>
> Amos 3,7

Ich bin der Weinstock; ihr seid die Reben. Wer in mir bleibt und ich in ihm, wird viel Frucht bringen. <u>Denn getrennt von mir könnt ihr nichts tun</u>.

Johannes 15,5

Doch wenn der Geist der Wahrheit kommt, wird er euch in alle Wahrheit leiten.

Johannes 16,13a

2. Wegbegleiter

Mit „Wegbegleiter" meine ich Ihren Ehepartner, falls Sie verheiratet sind, oder eine solide Freundschaft zu einer Person des gleichen Geschlechts, falls Sie alleinstehend sind. Diese Beziehungen sind unentbehrlich, wenn wir auf dem Feld bleiben wollen.

<u>Helft euch gegenseitig bei euren Schwierigkeiten und Problemen</u>, so erfüllt ihr das Gesetz, das wir von Christus haben.

Galater 6,2

Es ist absolut notwendig, diesen Vers ganz praktisch auszuleben. Nehmen Sie sich regelmäßig Zeit für gemeinsames Gebet und tragen Sie einander die Lasten.

3. Familie

Kinder sind ein Segen Gottes und Teil des Dienstes, den Gott Ihnen anvertraut hat.

Während jedes Familienmitglied eine unterschiedliche Rolle hat, ist es sehr wichtig, dass jeder in der Familie sich der Berufung zu dem Dienst, den die Familie ausübt, bewusst ist.

Wir haben die Erfahrung gemacht, dass Gott oft durch unsere Kinder Türen zu einer neuen Gemeinschaft geöffnet hat. Kinder sind ein Segen Gottes und Teil des Dienstes, den Gott Ihnen anvertraut hat.

Verbringen Sie Zeit mit Ihrer Familie und halten Sie den Sabbat, damit Sie sich auf Ihre Kinder konzentrieren und Einfluss auf sie nehmen können.

Indem Sie Zeit mit Ihren Kindern verbringen, ziehen Sie die nächste Generation an Gemeindegründern groß.

> *Schärft sie euren Kindern ein. Sprecht über sie, wenn ihr zu Hause oder unterwegs seid, wenn ihr euch hinlegt oder wenn ihr aufsteht.*
> 5. Mose 6,7

> *Denn er teilte Jakob seine Gebote mit, er gab Israel sein Gesetz und gebot unseren Vorfahren, ihre Kinder dieses Gesetz zu lehren.*
> Psalm 78,5

4. Team

Jesus hatte ein Team von zwölf Jüngern, mit denen er den Dienst ausübte. Später sandte Jesus die 72 Jünger aus, je zwei und zwei. Paulus und Barnabas arbeiteten erst gemeinsam und danach machte jeder von ihnen mit einem eigenen Team weiter. Gemeindebau* und Verbreitung des Reiches Gottes sind Teamaktivitäten.

> *Zwei haben es besser als einer allein: Zusammen erhalten sie mehr Lohn für ihre Mühe. Wenn sie hinfallen, kann einer dem anderen aufhelfen. Doch wie schlecht ist der dran, der allein ist und fällt, und keiner ist da, der ihm beim Aufstehen hilft! Es können sich zwei, die in einer kalten Nacht unter einer Decke liegen, aneinander wärmen. Doch wie kann einer, der alleine liegt, warm werden? Ein Einzelner kann leicht von hinten angegriffen und niedergeschlagen werden; zwei, die zusammenhalten, wehren den Überfall ab. Und: Ein dreifaches Seil kann man kaum zerreißen.*
> Prediger 4, 9-12

5. Gottes Team

Oft haben verschiedene Konfessionsgruppen und Sendungsträger Mitarbeiter in derselben Stadt, mit demselben Ziel, eine bestimmte Volksgruppe* zu erreichen. Diese Arbeiter* werden gewöhnlich als „Gottes Team" bezeichnet. Wir müssen zusammenarbeiten und diese Beziehungen pflegen, auch wenn es Unterschiede in der Strategie oder Theologie gibt. Regelmäßige Gebetszeiten und Treffen zur Besprechung der generellen Strategie können unglaublich hilfreich sein, nicht nur für die Arbeiter* selbst, sondern auch für die Menschen, unter denen sie leben.

> *Wie schön und wie wunderbar ist es, wenn Brüder <u>einträchtig zu-</u>*
> *<u>sammenleben</u>! Das ist so kostbar wie das duftende Salböl, das Aaron*
> *über das Haupt gegossen wurde, das hinabrann in seinen Bart, an*
> *seinem Körper hinunter bis zum Saum seines Gewandes. Es ist so*
> *erfrischend wie der Tau vom Berg Hermon, der auf die Berge Zions*
> *fällt. <u>Denn dort verheißt der Herr seinen Segen und Leben, das nie-</u>*
> *<u>mals enden wird</u>.*
>
> Psalm 133,1-3

6. Die örtliche Gemeinde

Wir haben bereits über Gläubige vor Ort gesprochen. Lassen Sie mich wiederum betonen, dass die örtliche Gemeinde die Gegenwart Gottes an diesem Ort darstellt. Lassen Sie diese nicht außer Acht, sondern schließen Sie sich mit ihr zusammen.

Zwei großartige einheimische Brüder waren ohne Zögern bereit für mich zu bürgen, damit ich das Land verlassen konnte, obwohl sie wussten, dass sie mit Gefängnis und Geldstrafen konfrontiert werden könnten, wenn ich nicht zurückkäme. Die einheimische Gemeinde ist ein Segen für Sie und Sie können ihr ein Segen sein.

7. Erweiterte Gemeinschaft weltweit

Schließen Sie sich mit der größeren Gemeinschaft zusammen, teilen Sie ihr regelmäßig Ihre Gebetsanliegen mit und informieren Sie über Ihre Arbeit. Lassen Sie diese an der Freude teilhaben, das Reich Gottes unter weit entfernten, unerreichten Völkern auszubauen, indem sie beten, spenden und Leute zum Dienst aussenden.

Bevor ich aus dem Gefängnis entlassen wurde, beteten und fasteten Menschen auf der ganzen Welt für mich. Als ich auf wunderbare Weise am zweiten Tag des Fastens und Betens freigelassen wurde, freuten sich Menschen auf der ganzen Welt mit mir. Wir sind wirklich ein Leib in Christus.

Aufforderung

Wählen Sie mindestens eines der folgenden Dinge....

▶ Bitten Sie Gott um einen Wegbegleiter, falls Sie noch keinen haben.

    _____

    _____

▶ Verbringen Sie täglich und wöchentlich Zeit damit, Ihre Kinder zu unterrichten und sich an ihnen zu erfreuen.

▶ Erforschen Sie Möglichkeiten, sich mit Gottes Team zusammenzuschließen, wo immer sie arbeiten. Segnen Sie gegenseitig Ihre Arbeit und beten Sie füreinander.

    _____

    _____

    _____

    _____

    _____

Kapitel 32

Fallgruben

Wir müssen uns der Fallgruben bewusst sein, die uns ablenken oder daran hindern können, Gemeinden zu bauen. Manchmal verwendet der Feind Methoden, die eindeutig Sünde oder Böses sind, aber manchmal wird er gute Dinge verwenden, um uns von dem abzulenken, was das Beste Gottes ist, für uns oder für jene, die wir erreichen wollen. Viele der folgenden Fallgruben, können auch ein Segen sein, wenn wir weise vorgehen.

1. Soziale Arbeit, Hilfswerke und Unternehmen

Verkündigung des Wortes und verschiedene Dienste haben immer gemeinsam stattgefunden. In der Geschichte haben Menschen, die kulturübergreifend dienten, Schulen, Krankenhäuser, Kliniken und Unternehmen aufgebaut, um ihre Gemeinschaften zu segnen. Viele Institutionen, die anfangs das Verbreiten des Wortes als Priorität hatten, haben allerdings allmählich ihre Prioritäten verlagert und das Ausüben praktischer Dienste über das Bezeugen des Evangeliums gestellt. Die Apostel waren ebenfalls mit dieser Herausforderung konfrontiert und lösten die Situation damit, dass sie Menschen einsetzten, deren Hauptaufgabe es war, sich um die materiellen Bedürfnisse der Leute zu kümmern, damit sie als Gemeindegründer und Apostel sich auf das Gebet und den Dienst am Wort konzentrieren konnten.

Doch als die Zahl der Gläubigen immer größer wurde, kam es auch zu Auseinandersetzungen. Diejenigen aus den griechischsprachigen Gebieten beschwerten sich bei den Hebräern, weil sie glaubten, dass <u>ihre Witwen bei der täglichen Versorgung benachteiligt würden</u>. Deshalb beriefen die zwölf eine Versammlung aller Gläubigen ein. „<u>Wir Apostel sollten unsere Zeit dazu nutzen, das Wort Gottes zu predigen und zu lehren</u>, und uns nicht mit der Organisation der Mahlzeiten oder Ähnlichem beschäftigen", sagten sie. „Deshalb,

Freunde, <u>wählt unter euch sieben Männer mit gutem Ruf aus, die</u>
<u>vom Heiligen Geist erfüllt sind und Weisheit besitzen</u>. Ihnen wollen
wir die Verantwortung für diese Aufgabe übertragen. <u>Auf diese Wei-</u>
<u>se haben wir Zeit für das Gebet und die Verkündigung von Gottes</u>
<u>Wort</u>."
Apostelgeschichte 6,1-4

Paulus war Zeltmacher. Die Arbeit, die er ausübte, um Geld zu verdienen, war so eng mit seiner Gemeindebau-Arbeit verbunden, dass diese
nicht getrennt werden konnten. Das Modell von Paulus scheint für die heu-
tige Zeit das Beste zu sein, da viele Länder, die das Evangelium brauchen,
Ausländern nicht erlauben werden, innerhalb ihrer Landesgrenzen zu leben, wenn sie keine Arbeitsstelle haben. Paulus hinterließ seinem Jünger
Timotheus kurz vor seiner Hinrichtung diesen wichtigen Rat:

<u>Ich bitte dich vor Gott und vor Christus Jesus</u>, der eines Tages die
Lebenden und die Toten richten wird, wenn er erscheinen wird, um
sein Reich aufzurichten: <u>Verkünde das Wort Gottes. Halte durch, ob</u>
<u>die Zeit günstig ist oder nicht. In aller Geduld und mit guter Lehre</u>
<u>sollst du die Menschen zurechtweisen, tadeln und ermutigen</u>!
2. Timotheus 4,1-2

2. Diskussionen

Es gibt Diskussionen an denen sich Missionare* und Theologen beteiligen
sollen, weil sie die Zukunft der Missionstätigkeit gestalten werden. Preist
Gott für die guten Dinge, die während des letzten Jahrhunderts im Bereich
der Mission unter unerreichten Menschen geschehen sind. Es ist wichtig,
dass Arbeiter* aus der ganzen Welt weiterhin kommunizieren, um zu hören,
was der Heilige Geist sagt.

Es gibt allerdings viele verletzende und sinnlose Diskussionen, die den
Herrn nicht verherrlichen, sondern vielmehr Gemeindegründer daran hindern, sich auf das Gründen von Gemeinden zu konzentrieren. Einige dieser
Debatten stehen im Zusammenhang mit den verschiedenen Ansätzen, wie
man die unerreichten Völker am besten erreichen kann. Diese Gespräche
sind super, solange die Teilnehmer sich gegenseitig ermutigen. Man sollte
es jedoch vermeiden, einander anzugreifen und Beziehungen zu zerstören.

Manchmal verbreiten Arbeiter* Tratsch und verleumden einander, anstatt die Situation oder Person direkt anzusprechen oder über das Ärgernis hinwegzusehen. Lassen Sie sich nicht in solche Gespräche hineinziehen. Unternehmen Sie alles, was Ihnen möglich ist, um Beziehungen mit anderen Arbeitern* aufzubauen, füreinander zu beten und einander zu segnen.

Einige haben dieses Ziel jedoch völlig verfehlt und <u>vertun ihre Zeit mit leerem Geschwätz</u>.
1. Timotheus 1,6

<u>*Wenn allerdings jemand in diesem Punkt unbedingt Recht haben will, so kann ich nur sagen, dass wir keinen anderen Brauch haben*</u> *als diesen und die anderen Gemeinden Gottes dieselbe Ansicht vertreten.*
1. Korinther 11,16

3. Lügen Satans

Manchmal benutzt der Teufel Lügen, um zu verhindern, dass die Gute Nachricht in eine bestimmte Volksgruppe* oder eine bestimmte Stadt eindringen kann. Das Wort Gottes ist unsere Waffe, mit der wir gegen solche Lügen vorgehen können, da es sagt, dass Menschen aus jedem Stamm und jeder Sprache und jedem Volk den Herrn anbeten werden.

Und sie sangen ein neues Lied mit folgenden Worten: „Du bist würdig, die Schriftrolle zu nehmen und ihre Siegel zu öffnen. Denn du wurdest als Opfer geschlachtet, und dein Blut hat Menschen für Gott freigekauft, Menschen aus jedem Stamm und jeder Sprache und jedem Volk und jeder Nation."
Offenbarung 5,9

Viele Jahrzehnte lang hat der Teufel versucht, Christen davon zu überzeugen, dass Muslime* niemals Jesus nachfolgen würden. Zu Beginn überzeugte Satan die Leute sogar, dass Arbeiter* nicht einmal in bestimmte muslimische Länder hineinkommen könnten, um die Gute Nachricht weiterzugeben. Preist den Herrn, dass Christen dieser Lüge widerstanden haben und Menschen heute die Gute Nachricht in jedem Land der Erde bezeugen. Dann versuchte der Teufel den Leuten einzureden, dass Muslime* niemals zum Herrn kommen würden und dass die Leute nicht ihre Zeit und Energie verschwenden sollten, diese zu erreichen. Wir wissen von Tausenden Muslimen* in verschiedenen Teilen der Erde, die den Herrn Jesus gefunden haben. Als nächstes verbreitete der Teufel Lügen, dass hunderttausende Muslime* bereits zum Herrn gekommen waren, sodass Christen nicht mehr in muslimische Länder gehen mussten. Als ich mich darauf vorbereitete nach Nordafrika zu gehen, wurde ich gefragt, wozu ich noch dort hingehen würde, wenn Websites behaupteten, dass in der Stadt und in dem Land hunderte Hausgemeinden* etabliert waren. Das entsprach nicht der Wahrheit, aber es hielt Leute davon ab, bestimmte Länder oder Städte in Betracht zu ziehen, weil sie dachten, dass diese Orte schon erreicht waren. Wir sind noch immer etwas von dieser Irreführung beeinflusst, aber in vielen Fällen haben die Menschen dieses Denken abgelegt.

4. Internet

Wir alle genießen den Segen des Internets und dass wir dadurch mit Menschen auf der ganzen Welt in Verbindung sein können. Es ist auch ein großartiges Werkzeug, um Jesus den Menschen in Ländern zu bezeugen, in welche man schwer hineinkommen kann. Aber dieser große Segen kann auch ein Fluch sein, wenn wir mehr Zeit im Internet verbringen, als mit dem Bezeugen des Evangeliums. Wir müssen aufpassen, dass wir nicht mehr Zeit online verbringen als mit unseren Freunden, die das Evangelium brauchen.

5. Arbeiter* anderer Organisationen oder ausländische Mitarbeiter

Einheit und gegenseitige Unterstützung als Arbeiter* im Team Gottes sind ein großer Segen. Wir müssen allerdings eine Ausgewogenheit wahren zwischen den Zeiten des „Auftankens" durch andere Mitarbeiter und Zeiten des „Ausgießens" an unsere nicht-gläubigen Freunde.

6. Dienste und andere gute Dinge, die nicht direkt mit unserer Berufung in Verbindung stehen

Gute Dinge können uns daran hindern, die Berufung zu erfüllen, die Gott für unser Leben ausgesprochen hat, und sie können der Feind dessen werden, was Sein Bestes für uns ist. Wenn Sie in einen Pionierdienst der Gemeindegründung* berufen sind, dann geben Sie Acht, nicht durch andere Dienste abgelenkt zu werden.

7. Das Spannungsfeld zwischen vorbereiteten Böden und harter Erde

Der Herr lässt es zu, dass ein Gemeindegründer in einem heiligen Spannungsfeld lebt. Einerseits sagt uns Jesus, dass die Ernte reif sei und wir sie einbringen sollten.

> *Meint ihr etwa, dass <u>erst in vier Monaten zum Ende des Sommers die Zeit der Ernte beginnen wird</u>? Schaut euch doch um! Überall reifen die Felder heran und sind schon jetzt bereit zur Ernte.*
> Johannes 4,35

Andererseits haben wir das klare Gebot, Jesus allen Stämmen zu bezeugen, auch jenen, die dem Evangelium sehr ablehnend gegenüber stehen.

> *Darum <u>geht zu allen Völkern und macht sie zu Jüngern</u>. Tauft sie im Namen des Vaters und des Sohnes und des Heiligen Geistes.*
> Matthäus 28,19

Der Herr ermutigt uns zu schauen, wo die Felder reif zur Ernte sind, und dann dorthin zu gehen und die Ernte einzubringen. In der Vergangenheit haben wir einige dieser „reifen Felder" verpasst, weil wir nicht genügend Arbeiter* dorthin geschickt haben, wo die Ernte wirklich reif war. Die arabische Regierung startete 1989 in Westafrika einen Völkermord* an einer bestimmen muslimischen Volksgruppe*, aufgrund ihrer ethnischen Herkunft. Tausende Menschen wurden getötet und Zehntausende wurden zu Flüchtlingen. Während die Gemeinde anfangs einige Unterstützung leistete, begann eine gezielte Gemeindebau-Arbeit erst sieben Jahre später. Der Herr ließ eine Ernte heranwachsen, aber es gab keine Arbeiter*, die diese einbringen konnten. Wir haben wahrscheinlich eine großartige Gelegenheit verpasst, zu erleben, wie hunderte Menschen in das Reich Gottes kommen, da es keine Arbeiter* gab, die diesen Menschen die Gute Nachricht brachten, als sie die größte Offenheit dafür hatten.

Eine ähnliche Situation finden wir im Sudan. Die muslimischen Stämme in Darfur und in den Nuba Bergen haben so viel erlitten. Im Frühjahr 2012 erhielt ich eine Nachricht von einem Freund, der eines der Lager besuchte, wo diese Flüchtlinge leben. Er sagte: „Viele Stämme sind sehr offen dafür, das Evangelium zu hören." Wo sind die Erntearbeiter, die diesen

Menschen helfen werden, zu verstehen, was es bedeutet, Jesus nachzufolgen? Wir sind gerade jetzt in Gefahr, die offene Tür vom Herrn zu verpassen. „Öffnet die Augen und seht die Felder sind jetzt bereit, abgeerntet zu werden."

Preist den Herrn, dass wir heute viel mehr Frucht unter den unerreichten Stämmen – sogar muslimischen – auf der ganzen Welt erleben, als je zuvor in der Geschichte. Wir leben in einer spannenden Zeit, da das Ende der Welt näher kommt. Wir haben die Verheißung aus Joel 2, dass der Herr Seinen Geist ausgießen wird. Gleichzeitig müssen Menschen mit Geduld und Beharrlichkeit das Evangelium bezeugen, wo der Boden hart ist, damit zur bestimmten Zeit auch diese Felder bereit werden für eine große Ernte. Nach vielen Jahren von treuer Arbeit und Gebet vonseiten Tausender Gläubiger, fängt die Arabische Welt an, fruchtbar zu werden. Es scheint einer der härtesten Böden für das Evangelium zu sein, und Arbeiter* werden gebraucht, die Gottes Wort treu und im Glauben ausstreuen. Der Herr sucht geduldige Arbeiter*, die bereit sind ihr Leben hinzugeben, für einige Völker der Erde, die am wenigsten erreicht sind, in der großen Zuversicht, dass der Herr ein gewaltiges Werk durch sie beginnen werde.

8. Exakte Berichterstattung

Es kann sein, dass wir in Versuchung kommen, über unseren Erfolg beim Gründen von Gemeinden ungenau zu berichten und zu übertreiben, weil es einen unausgesprochenen Druck oder ausdrückliche Erwartungen von uns selbst, von Gemeinden, Unterstützern und anderen Leuten gibt, beim Gründen von Gemeinden erfolgreich zu sein. Wenn Tote auferweckt und Tausende Menschen gerettet worden sind, dann berichten Sie zur Ehre Gottes darüber. Allerdings, wenn wir Informationen oder Geschichten weitergeben, die nicht bewiesen und bestätigt worden sind, dann leben wir nicht in der Wahrheit Gottes. Während meiner Zeit im Gefängnis, als Gott versteckte Sünde in meinem Herzen aufdeckte, erinnerte Er mich an Situationen, als ich über Fruchtbarkeit im Dienst berichtete, ohne dass dies vonseiten anderer Zeugen bestätigt war. Durch Anbetung und vertrauten Umgang mit Gott, wird der Heilige Geist uns helfen, über Gottes gewaltige Werke in authentischer Weise zu reden.

9. Vernachlässigung der körperlichen Gesundheit

Unser Körper ist der Tempel des Heiligen Geistes und wir sind aufgefordert, auf ihn zu achten, weil Gott selbst darin wohnt. Wir sollten ihn nicht
sexueller Unmoral, exzessivem Essen und Trinken oder irgendeiner anderen zerstörerischen Sache zur Verfügung stellen. Wir müssen für gesunde
Ernährung und regelmäßige Bewegung Zeit einplanen.

> *Oder wisst ihr nicht, dass euer Leib ein Tempel des Heiligen Geistes*
> *in euch ist, der in euch lebt und euch von Gott geschenkt wurde? Ihr*
> *gehört nicht euch selbst.*
> 1. Korinther 6,19

Wir müssen lernen, unseren Körper zu disziplinieren und zu beherrschen und dürfen fleischlichen Leidenschaften keinen Raum geben.

> *Lasst nicht die Sünde euer Leben beherrschen; gebt ihrem Drängen*
> *nicht nach.*
> Römer 6,12

> *Mit der eisernen Disziplin eines Athleten bezwinge ich meinen Kör-*
> *per, damit er mir gehorcht.*
> 1. Korinther 9,27a

> *... Deshalb ehrt Gott mit eurem Leib!*
> 1. Korinther 6,20

> *... Unser Körper wurde aber nicht zur Unzucht geschaffen. Er ist für*
> *den Herrn bestimmt, und der Herr sorgt für ihn.*
> 1. Korinther 6,13

Aufforderung

Wählen Sie mindestens eines der folgenden Dinge....

▶ Kreuzen Sie die Fallgruben an, mit denen Sie zu kämpfen haben:

☐ Falsche Prioritäten für Arbeit und Dienst
☐ Hinderliche Diskussionen und Auseinandersetzungen
☐ Lügen zu glauben, die verhindern, dass ein Land oder eine Volksgruppe* Zugang zum Evangelium bekommt
☐ Internet
☐ Andere ausländische Arbeiter*
☐ Gute Dinge, die von Gottes bester Sache ablenken
☐ Spannung zwischen vorbereiteten Feldern und harten Böden
☐ Exaktes Berichten
☐ Vernachlässigung Ihrer körperlichen Gesundheit

▶ Wählen Sie eine Fallgrube und fragen Sie Gott, was Sie tun sollten, um in diesem Bereich zu wachsen. Schreiben Sie Seine Antwort hier auf:

_____

_____

_____

_____

_____

▶ Verfolgen Sie eine Woche lang Ihren Zeitplan. Notieren Sie, wie viel Zeit Sie für Arbeit, ablenkende Gespräche, das Internet, Dienste, die nicht mit Gemeindegründung* in Zusammenhang stehen und Gemeinschaft mit anderen Arbeitern* verbringen und vergleichen Sie es damit, wie viel Zeit Sie mit anderen Einheimischen* bei Gemeindebau-Aktivitäten verbringen.

_____

_____

_____

_____

▶ Finden Sie einen Kollegen/eine Kollegin und treffen Sie die Abma-
  chung, einmal pro Woche mit ihm/ihr zu trainieren.

  _____

▶ Haben Sie gelernt, wie Sie sich in ihrer neuen Kultur gesund und ausgewogen ernähren können? Wenn nicht, finden Sie eine Person, die
  das gelernt hat und übernehmen Sie Ideen von ihm oder ihr. Planen
  Sie 1 bis 2 Mahlzeiten mit Ihren neuen Anregungen.

  _____

▶ Wann haben Sie sich das letzte Mal Zeit genommen zu beten und Gott
  zu fragen, ob Sie noch immer das machen, was Er von Ihnen möchte? Bekennen Sie zuerst alle Ängste, die Sie vielleicht haben, damit Ihr
  Herz absolut bereit ist, alles zu tun, was Er sagen könnte.

  _____
  _____
  _____

Kapitel 33

Ihr Lauf mit Gott

Egal in welche Position oder Lebenssituation der Herr uns gestellt hat, als Nachfolger Christi sind wir aufgefordert, die Welt in der wir leben, mit Gottes Liebe und der wunderbaren Botschaft von Jesus Christus zu beeinflussen.

Ich glaube, es gibt vier Gruppen von Menschen, die dieses Buch lesen. Ich möchte gerne ein paar Gedanken an alle vier Gruppen schreiben.

1. Menschen, die den Lauf noch nicht begonnen haben

Wir sind nie zu jung oder zu alt, um den Lauf mit dem Herrn zu beginnen. Solange wir auf dieser Erde sind, hat der Herr für jeden von uns einen speziellen Plan. Er verwendet oft kleine Kinder und ältere Leute bis zu ihrem letzten Atemzug, um Seine Herrlichkeit zu zeigen.

Gott begann, Mose zu gebrauchen, als dieser 80 Jahre alt war; Kaleb verkündete im Alter von 80 oder mehr Jahren, dass er sich noch immer stark fühlte und der Situation gewachsen, das Land einzunehmen, durch die Kraft, die in ihm wohnte. Abraham bekam seinen ersten Sohn, als er beinahe 100 Jahre alt war und Sarah gebar ihren Sohn in ihrem sehr fortgeschrittenen Alter. Ein Mensch ist nie zu alt, Anteil zu nehmen, an dem was Gott tut und Seinen Fußstapfen nachzufolgen. Gleichzeitig ist man nie zu jung mit Gott an Seinem Werk teilzunehmen.

> *Kinder und Säuglinge hast du gelehrt, dich zu loben. Sie bringen deine Feinde zum Schweigen, die auf Rache aus waren.*
>
> Psalm 8,3

> *„Aber, allmächtiger Herr", wehrte ich ab, „ich kann nicht gut reden, ich bin noch viel zu jung!" „Sag doch nicht, dass du zu jung bist", antwortete der Herr. „Du sollst hingehen, wohin ich dich sende, und sagen, was auch immer ich dir auftragen werde."*
>
> Jeremia 1,6-7

2. Menschen, die mit Herausforderungen in ihrem Leben mit Gott konfrontiert sind

Fragen Sie sich „Wie bin ich da hinein geraten?" Ist es schwierig sich zu erinnern, warum Sie mit dem begonnen haben, was Sie jetzt tun? Ist es für Sie notwendig, dass Gott „die Berufung" nochmals ausspricht? Sie sind nicht der/die Einzige! Jeder, der sein gesamtes Leben für die Verbreitung des Reiches Gottes einsetzt, erlebt Zeiten, in denen diese und andere Fragen viel häufiger auftauchen als nur gelegentlich. Gott ist von solchen Fragen nicht überrascht oder enttäuscht. Wir wissen das, weil er die Antworten in Sein Buch geschrieben hat, schon lange bevor wir geboren wurden. Er spornt uns an und ermutigt uns den Lauf gut zu beenden. Der Herr gibt uns das erstaunliche Versprechen, dass ER es ist, der es durch uns vollbringen wird.

Denn Gott bewirkt in euch den Wunsch, ihm zu gehorchen, und er gibt euch auch die Kraft zu tun, was ihm Freude macht.
Philipper 2,13

Ich bin ganz sicher, dass Gott, der sein gutes Werk in euch angefangen hat, damit weitermachen und es vollenden wird bis zu dem Tag, an dem Christus Jesus wiederkommt.
Philipper 1,6

Gott selbst hat Ihnen den Wunsch geschenkt, Ihm zu dienen, und Er wird Ihnen ebenso den Willen geben, es zu vollenden. Lassen Sie nicht zu, dass momentane Schwierigkeiten oder Herausforderungen oder Versagen in die völlige Frustration führen! Denken Sie immer daran, der Herr ist stark, wenn Sie schwach sind. Er kann es zulassen, dass wir in Situationen kommen, in denen wir uns schwach fühlen, damit wir an Ihn denken und unser Vertrauen auf Ihn setzen. Jede herausfordernde Situation ist eine Chance, zu wachsen und Jesus immer ähnlicher zu werden.

Legen Sie Ihr Leben und Ihre ganze Situation in die Hand des Herrn und Er wird Ihre Stärke sein. Sie werden aus jeder Herausforderung, gestärkt durch die Gnade Jesu und zu Seiner Ehre und Herrlichkeit, hervorgehen.

3.   Menschen, die erfolgreich sind

Welche Freude ist es, dem Herrn zu dienen und täglich in Seiner Gegenwart zu leben. Das bedeutet nicht, dass solche Menschen keine Zeiten erleben, wenn sie müde oder entmutigt sind, aber sie erleben eine generelle Freude in ihrem täglichen Wandel mit dem Herrn. Der Herr verändert sie fortwährend immer mehr in Sein Bild und ihr Dienst wird vom Herrn gesegnet und zeigt sichtbare Frucht. Danach sehnt sich unser Herr und so verherrlichen wir Gott.

> *Darin wird mein Vater verherrlicht, <u>dass ihr viel Frucht hervorbringt und meine Jünger werdet</u>.*
> Johannes 15,8

Während erfolgreicher und glücklicher Zeiten und wenn es uns gut geht, müssen wir uns davor hüten, ein hochmütiges Herz zu bekommen und stolz zu werden. In Sprüche 16,18 werden wir gewarnt:

> *Stolz kommt vor dem Verderben und Hochmut vor dem Fall.*
> Sprüche 16,18

Wer im Reich Gottes groß sein will, muss der Geringste sein.

> *… Wenn jemand der Erste sein will, muss er den letzten Platz einnehmen und allen dienen*
> Markus 9,35

Wenn Sie also mit Jesus erfolgreich sind, möchte ich Sie ermutigen, Gott zu bitten, dass Er Ihnen ein paar Leute zeigt, in die Sie sich investieren könnten, damit diese ebenfalls im Glauben wachsen. Das könnten junge Gläubige sein, die Sie lehren oder denen Sie helfen, Frucht zu bringen, oder es könnten Leiter sein, für die Sie ein Mentor sind, der ihnen hilft, in der Leitung voranzugehen.

4.   Menschen, die entmutigt sind oder den Lauf sogar verlassen haben

Es gibt verschiedene Gründe, warum Menschen vom Herrn weggehen und das Gleichnis von den vier Arten von Böden gibt uns etwas Einblick in diese Gründe. Einige Menschen verlassen den Glauben, wenn Kämpfe und Schwierigkeiten auftauchen. Andere werden von den Vergnügungen der Welt weggezogen. Wieder andere überschlagen wahrscheinlich nie die Kosten, was es bedeutet das Leben hinzugeben und für Jesus zu leben. Im Leben geschehen sehr schwierige Dinge, die wir nicht werden verstehen können, aber Gott hat uns für diese Situationen zugesichert:

Und wir wissen, dass für die, die Gott lieben und nach seinem Willen zu ihm gehören, <u>alles zum Guten führt</u>.

Römer 8,28

Das hat Gott uns in Seinem Wort verheißen und es trifft absolut zu, auch wenn wir nicht alle Antworten auf alles haben, was auf dieser Erde passiert. Eines Tages, werden wir es verstehen, wenn wir die Ewigkeit mit Jesus, dem Vater, Millionen Engeln und Gläubigen aus allen Nationen, Sprachen und Stämmen genießen werden. Denn jetzt ist unsere Erkenntnis bruchstückhaft, wie geschrieben steht:

Jetzt sehen wir die Dinge noch unvollkommen, wie in einem trüben Spiegel, dann aber werden wir alles in völliger Klarheit erkennen. Alles, was ich jetzt weiß, ist unvollständig; <u>dann aber werde ich alles erkennen, so wie Gott mich jetzt schon kennt</u>.

1. Korinther 13,12

Wenn Sie also entmutigt sind, oder den Lauf aufgegeben haben, kommen Sie zurück zu Jesus und übergeben Sie Ihm Ihr ganzes Leben. Lassen Sie sich niemals durch irgendeine Situation von der Liebe Jesu abbringen. Er wartet auf Sie und freut sich darauf Sie zurückzuholen. Solange Sie atmen, ist noch Zeit zu Jesus zurückzukehren und Ihren Lauf mit Ihm fortzusetzen.

Unsere besten und tiefsten Erfahrungen mit Gott erleben wir oft, wenn wir in so schwierigen Situationen stecken, dass wir selbst keinen Ausweg sehen.

Schlussfolgerung

Die Bibel sagt uns, dass der König der Könige, der Himmel und Erde er-schaffen hat, alle Nachfolger Jesu auserwählt hat, den Lauf mit Jesus zu vollenden und dieses zum höchsten Ziel ihres Lebens zu machen. Wenn Sie Abenteuer und Sinn für Ihr Leben suchen, dann melden Sie sich für den Lauf mit Gott an.

Aber ihr seid anders, denn ihr seid ein <u>auserwähltes Volk. Ihr seid eine königliche Priesterschaft, Gottes heiliges Volk, sein persönliches Eigentum</u>. So seid ihr ein lebendiges Beispiel für die Güte Gottes, denn er hat euch aus der Finsternis in sein wunderbares Licht gerufen.
1. Petrus 2,9

<u>So sind wir Botschafter Christi</u>, und Gott gebraucht uns, um durch uns zu sprechen. Wir bitten inständig, so, als würde Christus es persönlich tun: „<u>Lasst euch mit Gott versöhnen!</u>"
2. Korinther 5,20

Sie gehören zu Gott und Sie gehören Gott. Gott selbst bezeichnet Sie als königlichen Priester und Seinen Botschafter. Er erachtet uns würdig, Ihn zu repräsentieren, wo immer Er uns hingestellt hat. Er hat uns zu Erben seines Reiches gemacht, Miterben Christi und deshalb haben wir Zugang zu allen Seinen Reichtümern in der himmlischen Welt. Wir sind Gefäße, durch welche Gott allen Menschen auf der Erde Segen und Kraft schenken möchte.

In 1. Korinther 9,20 sagt Paulus, dass er den Lauf laufe, und er stellt klar, dass er nicht ambitionslos laufe. In Philipper 3,14 sagte er, dass er den Lauf noch nicht vollendet habe, aber vorwärts strebe, auf das Ziel hin, das vor ihm liege.

Paulus sehnt sich danach, den Lauf gut zu vollenden, damit er über die Ziellinie laufen und bei Seinem Herrn und Heiland Jesus Christus sein kann. Und er ist bereit, während seines irdischen Laufs alles zu tun, um so viele andere wie möglich zur Errettung durch Jesus einzuladen.

*Denn Christus ist mein Leben, aber noch besser wäre es, zu sterben
und bei ihm zu sein. Doch wenn ich lebe, dann trägt meine Arbeit für
Christus Früchte. Deshalb weiß ich wirklich nicht, was ich wählen
soll. Ich fühle mich zwischen zwei Wünschen hin und her gerissen:
Ich sehne mich danach, zu sterben und bei Christus zu sein, denn
das wäre bei weitem das Beste. Doch für euch ist es besser, wenn ich
lebe.*
Philipper 1,21-24

Unsere besten und tiefsten Erfahrungen mit Gott erleben wir oft, wenn
wir in so schwierigen Situationen stecken, dass wir selbst keinen Ausweg
sehen. In diesen Umständen ist die Nähe und Vertrautheit mit Gott unbeschreiblich. Gott unser Leben zu geben, wird nie und nimmer eine Enttäu-
schung sein. Die Qualität der zufrieden stellenden Liebe, Freude und des
Friedens, die Er uns in den Tiefen der Verzweiflung schenkt, überwiegt bei
weitem den Wert der Antworten, nach denen wir manchmal viel intensiver
suchen als nach Gott selbst.

*Denn unsere jetzigen Sorgen und Schwierigkeiten sind nur gering
und von kurzer Dauer, doch sie bewirken in uns eine unermesslich
große Herrlichkeit, die ewig andauern wird!*
2. Korinther 4, 17

Ich habe erlebt, dass das stimmt, als ich im Gefängnis war und ich
würde keinen Augenblick zögern, von ganzem Herzen zu empfehlen, den
Lauf mit Gott zu laufen. Ich bezeuge von ganzem Herzen, das ist die aller
spannendste Sache, die man mit seinem Leben anfangen kann. Ich würde
niemals die köstliche Gemeinschaft mit Jesus gegen irgendetwas anderes
eintauschen.

Anhang

Familienandacht

Manche Menschen beten den Herrn gerne alleine an und andere bevorzugen es, dies in Gemeinschaft zu tun. Beide Arten sind wichtig und müssen praktiziert werden. Als Familie haben wir miteinander Gott auf verschiedene Arten angebetet. Als ich im Gefängnis war, zeigte mir der Herr einen neuen Weg, wie wir Ihn als Familie gemeinsam anbeten können, bevor wir den Freuden und Herausforderungen der Alltagsroutine begegnen.

Nachstehend finden Sie das Beispiel, wie wir den Herrn täglich als Familie erheben. Die fettgedruckten Verse sind aus Prediger 9,7-10 (FREI) und Exodus 20,12 (FREI) und werden von allen zusammen aufgesagt. Die Bibelstellen in kursiv werden von einer zuvor bestimmten Person aus der Familie gesprochen. Die Erläuterungen zwischen den Bibelstellen werden nicht mit aufgesagt.

1. **Geh, iss dein Brot mit Freude und trinke deinen Wein mit frohem Herzen**

   Denn das Reich Gottes ist nicht Essen und Trinken, sondern Gerechtigkeit und Friede und Freude im Heiligen Geist. Denn wer Christus so dient, ist Gott wohlgefällig und den Menschen bewährt.
   Römer 14,17-18 – FREI

   Wir sollten freudige Menschen und Familien sein, weil unser Herr uns unser tägliches Essen gibt und unsere täglichen Bedürfnisse stillt. Gleichzeitig bedeutet das Reich Gottes nicht nur materielle Dinge, sondern Gerechtigkeit, Friede und Freude im Heiligen Geist. Als Nachfolger Jesu müssen wir uns erziehen, indem wir uns täglich daran erinnern, dass sich Gerechtigkeit, Friede und Freude des Herrn nie verändern.

2. Denn es ist jetzt, dass Gott Gunst schenkt bei allem, was tu tust

Und habe deine Lust am HERRN, so wird er dir geben, was dein Herz begehrt.
Psalm 37,4 – ELB

Er gebe dir nach deinem Herzen, und alle deine Pläne erfülle er!
Psalm 20,5 – ELB

Befiehl dem HERRN deine Werke, und deine Gedanken werden zustande kommen.
Sprüche 16,3 – ELB

Was für eine erstaunliche Verheißung des Herrn an uns, während wir danach trachten Sein Reich zu bauen! Wohlgefallen bedeutet, dass der Herr uns mit Vergnügen und Freude anschaut, wenn wir Ihn anbeten und Ihm gehorchen. Gott freut sich über alles, was wir aus unserer Anbetung für Ihn heraus tun.

3. Trage immer weiße Kleider

Freuen, ja, freuen will ich mich in dem Herrn! Jubeln soll meine Seele in meinem Gott! Denn er hat mich bekleidet mit Kleidern des Heils, den Mantel der Gerechtigkeit mir umgetan.
Jesaja 61,10a – ELB

Zieht den Herrn Jesus Christus an.
Römer 13,14a – ELB

Waschen Sie sich immer im Blut Jesu und ziehen sie die Kleider des Heils an. Immer bedeutet jeden Tag. Wir müssen sicherstellen, dass unsere Herzen täglich gereinigt werden. Der Teufel möchte unsere Reinheit ruinieren. Wenn wir nicht in Reinheit wandeln, bringen wir unsere Familien, Ehen, Teams und andere Beziehungen in Gefahr und lassen sie für die Angriffe des Feindes verwundbar zurück.

4. Salbe deinen Kopf immer mit Öl

Werdet mit dem Geist erfüllt.
Epheser 5,18 – FREI

Du salbest mein Haupt mit Öl.
Psalm 23,5 – LUT

Seien Sie immer voll Heiligen Geistes. Es ist eine große Ermutigung, vom Heiligen Geist zu jeder Zeit erfüllt zu sein. Wir müssen täglich nach diesem Erfülltsein, durch den Heiligen Geist, streben. Wir brauchen Seine Anleitung, wenn wir den Menschen um uns das Evangelium bezeugen. Wir brauchen Seine Gegenwart zur Unterstützung. Wir brauchen Seine Gnade, damit wir in unserer täglichen Arbeit vorankommen können. Er möchte uns die Geheimnisse Seines Willens für unsere aktuelle Situation offenbaren und Er möchte Seine Werke täglich durch uns wirken.

5. Erfreue dich an deiner Ehefrau alle Tage

Ihr Männer, liebt eure Frauen, wie auch der Christus die Gemeinde geliebt und sich selbst für sie hingegeben hat.
Epheser 5,25 – ELB

Seien Sie anderen ein Vorbild für eine glückliche Ehe und Familie. Lassen Sie Menschen, wenn sie eintreten, sehen und spüren, welche Freude es in Ihrem Haus gibt. Zeigen Sie Ihnen, dass Sie in Ihre Frau verliebt sind.

6. Ehre deinen Vater und deine Mutter, dass du lange lebst

Ihr Kinder, gehorcht euren Eltern im Herrn! Denn das ist recht.
Epheser 6,1 – ELB

Im Idealfall ehren Kinder ihren Vater und ihre Mutter als Reaktion auf die Erfahrung der Liebe und weil sie verstehen, dass diese nach dem Besten von Gott für ihr Leben trachten. Wie wir unsere Kinder behandeln und mit dem Ziel erziehen, dass sie uns als Eltern gehorchen, ist ein sehr starkes Zeugnis. Eine gottesfürchtige Familie macht einen starken Eindruck auf

die Welt. Laden Sie andere Familien in Ihr Leben ein, damit sie sehen können, wie die Mitglieder einer erlösten Familie miteinander umgehen.

7. Was immer du unternimmst, tue es mit voller Hingabe

*Alles, was ihr tut, das tut von Herzen, als dem Herrn und nicht den
Menschen.*
Kolosser 3,23 – LUT

Seid brennend im Geist und dienet den Herrn mit Fleiß.
Römer 12,11 – FREI[1]

Das erinnert unsere Familie täglich daran, dass wir uns für die Dinge
mit ganzem Herzen einsetzen wollen, zu denen der Herr uns berufen hat.
Die Einzelheiten der Berufung können in unterschiedlichen Phasen unseres Lebens variieren, aber die Hingabe und der Fleiß und der Eifer, womit
wir sie tun, ändern sich nicht. Machen Sie alles, was Sie tun, mit ganzer
Kraft und Macht und von ganzem Herzen.

---

1   ELB – Revidierte Elberfelder Bibel (Rev. 26) © 1985/1991/2008 SCM
      R.Brockhaus im SCM-Verlag GmbH & Co. KG, Witten
      LUT – Revidierte Luther Bibel von © 1984 Deutsche Bibelgesellschaft,
      Stuttgart
      FREI – Frei übersetzt vom Autoren

Begriffserklärungen

Afrikanische Muslime   Afrikanische Muslime, die gemäß ihrer Religion Muslime sind, aber aus vielen verschiedenen Stämmen kommen und oft kein Arabisch sprechen.

Arabische Muslime   Muslime, die aus arabischen Stämmen kommen und auch Arabisch sprechen.

Arbeiter   In diesem Buch ist der Begriff eine abgekürzte Version für „Interkultureller Arbeiter / Kulturübergreifender Arbeiter".

Bildungseinrichtungen   Zentren, wo Menschen verschiedene Dinge lernen können, wie Sprachen, Computerkenntnisse und andere Bildungsthemen. Interkulturelle Arbeiter können ihr Gastgeberland dadurch segnen, dass sie solche Zentren eröffnen.

Buschtaxi   Ein spezielles Taxi, mit dem man in Afrika zu entlegenen Orten fahren kann.

Interkultureller Arbeiter / Kulturübergreifender Arbeiter
Eine Person, die seine Heimatkultur verlässt und in eine andere Kultur übersiedelt, um Jesus zu bezeugen. Das erfordert oft, aber nicht immer, dass man eine neue Kultur und eine neue Sprache lernen muss.

Einheimische   Die Staatsbürger eines Landes. Ein Arbeiter in einem anderen Land meint mit Einheimischen oft die Menschen, die er mit dem Evangelium erreicht.

Englisch-Zentren   Zentren, wo die Leute Englisch lernen kön-
                                nen – oft für Erwachsene.

Ethnische Säuberungen   Die systematische Ausrottung einer ethni-
                                schen Gruppe oder ethnischer Gruppen aus
                                einer Region oder Gesellschaft, z. B. durch
                                Abschiebung, erzwungener Ausreise oder
                                Völkermord.

Gemeindebau / Gemeindegründung

                                Evangelisation und Jüngerschaftsarbeit mit
                                dem Ziel, Menschen ins Reich Gottes zu
                                bringen, gemeinsam anzubeten und den
                                Lehren Jesu zu gehorchen. Diese neuen Ge-
                                meinden sollten sich selbst vervielfältigen,
                                indem sie diese Gute Nachricht anderen
                                weitersagen. Es hat nichts mit einem Gebäu-
                                de zu tun.

Heimaturlaub   Eine Zeit, die ausländische Arbeiter in ih-
                                rem Heimatland verbringen, um Kontakte
                                und Gebetsunterstützung für ihren Dienst
                                zu erneuern.

Hausgemeinden   Gruppen von Menschen, die sich entweder
                                in ihren Häusern oder an irgendeinem an-
                                deren Ort treffen, wo sie sich sicher fühlen,
                                Jesus anzubeten. Sie treffen sich in gewöhn-
                                lichen Räumen, wo normale Sozialkontakte
                                stattfinden, nicht in „Kirchengebäuden".

Islam   Zweitgrößte Religion auf der Welt, nach
                                dem Christentum.

Jesus-Film   Ein Film, der das Leben von Jesus zeigt,
                                ausgehend von dem Bericht, der im Lukas-
                                evangelium festgehalten ist (zu sehen auf
                                jesusfilmmedia.org).

JMEM – Jugend mit einer Mission (YWAM – Youth with a Mission)
ist eine große Missionsgesellschaft, die unter Anderem auf der ganzen Welt Jüngerschafts- und Evangelisations-Schulungen anbietet.

Kontextualisierung
Das Bezeugen der Botschaft von Jesus in einer kulturell angepassten Weise (die Botschaft kontextualisieren) damit sie für die Menschen, die sie hören, sinnvoll erscheint.

Koran
Das heilige Buch der Muslime.

Maria Magdalena-Film
Das Leben Jesu betrachtet mit den Augen von Maria Magdalena. Der Film ist besonders hilfreich, wenn man Frauen erreichen will (zu sehen auf jesusfilmmedia.org).

MBB – Muslim Background Believer
Gläubiger muslimischer Herkunft.

Missionar
Ein Nachfolger Jesu, der mit anderen Menschen über seinen Retter spricht. Der Begriff wird oft verwendet, um interkulturelle Arbeiter zu beschreiben. Der Begriff wird traditioneller Weise für jemanden verwendet, dessen einziges Amt in einer Kultur darin besteht, Gemeinden zu gründen. Meistens lebt diese Person in einer anderen Kultur als seiner Heimatkultur.

Moslem / Muslime
Eine Person, die der Religion des Islam angehört.

„run-bag"
Eine kleine Tasche, die immer fertig gepackt und zum Aufbruch bereitsteht, wenn Ihnen nur wenige Minuten zur Verfügung stehen, bevor Sie aufbrechen müssen.

Sendende- / Heimatgemeinde
Eine Gruppe von Gläubigen, die den Ar-

beiter an andere Orte sendet mit dem Ziel, das Evangelium zu verbreiten. Sie beten für die Arbeiter und sind als Hirten für sie verantwortlich und unterstützen sie eventuell auch finanziell.

Sendende Organisation Eine Organisation, die oft international ist und das Aussenden von Arbeitern in verschiedene Länder und Gebiete erleichtert.

Sendungsbasis Ein Büro im Heimatland des Arbeiters, das ihm beim Umzug in ein anderes Land behilflich ist.

Unerreichte Volksgruppe Eine bestimmte Volksgruppe, die keinen oder kaum Zugang zum Evangelium von Jesus Christus hat.

Völkermord Vorsätzliches Töten von Menschen, die einer speziellen rassischen, politischen oder kulturellen Gruppe angehören.

Volksgruppe Ethno-Linguistische Gruppierungen von Menschen. Eine Menschengruppe mit einer einzigartigen Ethnizität (Volkszugehörigkeit) oder Sprache, wodurch sie sich von anderen unterscheidet.

Volksislam Formen des Islam, welche einheimischen Volksglauben und Traditionen beinhalten, die oft okkult sind.

15 Prinzipien von Jüngerschafts-Bewegungen
(Disciple Making Movements – DMMs)
oder Gemeindebau-Bewegungen
(Church Planting Movements – CPMs)
oder Jesus-Bewegungen
(Jesus Movements – JMs)

D as Ziel jeder Pionierarbeit ist es, dass ein hoher Prozentteil von einer Volksgruppe oder gar die ganze sich Jesus zuwendet und verändert wird, indem sie durch die Kraft des Heiligen Geistes seinem Wort gehorcht. Obwohl viele verschiedene Ansätze und Strategien zum Starten von Bewegungen für Jesus vorhanden sind, gibt es offensichtlich Komponenten, die alle bisherigen Bewegungen gemeinsam haben. Nachstehend sind Faktoren angeführt, die meiner Meinung nach die wichtigsten sind.

1. Wirken des Heiligen Geistes

Während menschliche Prinzipien eine Bewegung erleichtern und vorbereiten können, ist es immer das Wirken des Heiligen Geistes, wodurch sie zustande kommt.

2. Ernsthaftes Gebet

Ernsthaftes Gebet ist das Fundament einer Bewegung. Gemeindegründer und ihre Partner verbringen sehr viel Zeit im Gebet, wobei sie Gott bitten, Seine Macht sichtbar zu machen.

3. Starkes Ausstreuen

Das Säen von Gottes Wort muss breit gefächert stattfinden. Das beinhaltet persönli-

	ches Zeugnis geben und eine breite Palette an Medien, wie Bücher, TV, Internet, Filme, Videos, Radio und so weiter.
4. Verändertes Leben	Gläubige bringen ihre Liebe zu Jesus darin zum Ausdruck, dass sie Ihn in alle Bereiche ihres täglichen Lebens einbeziehen und Ihn in kulturell angepasster Form anbeten. Sie erleben eine zunehmende Liebe zu Gottes Wort und eine fortwährende Umgestaltung in das Bild Jesu durch den Heiligen Geist.
5. Gehorsam	Jüngerschaft legt einen großen Schwerpunkt auf Gehorsam. Junge Gläubige lernen sofort, wie sie sich durch Hören oder Lesen des Wortes ernähren und das, was sie verstanden haben, in ihrem täglichen Leben anwenden.
6. Gruppenorientiert	Gläubige lernen, wie sie die Wahrheiten des Himmelreiches innerhalb ihrer sozialen Netzwerke ausleben. Die Gruppenmitglieder helfen einander anzuwenden, was sie lernen. Sie bringen die Liebe Jesu untereinander zum Ausdruck, indem sie die „Einander-Gebote" anwenden und die Lasten des Anderen tragen.
7. Person des Friedens	Personen des Friedens öffnen neue soziale Netzwerke für das Evangelium. Diese Männer und Frauen laden ihre erweiterte Familie oder ihr soziales Netz ins Reich Gottes ein, sodass beinahe sofort Gruppen von Gläubigen gebildet werden.
8. Versammlung	Gläubige versammeln sich entsprechend der zuvor vorhandenen sozialen Netze wie z.B. Familien. Sie treffen sich regelmäßig zum Gebet, Bibelstudium, Anbetung und Gemeinschaft und werden von Ältesten geleitet.

9. Indigene Laien-Leiterschaft

Die Leiter dieser Gruppen sind immer indigen und Laienarbeiter. Sie leben anderen vor, wie man eine Gruppe leitet, während sie in ihren Berufen arbeiten und öffnen so die Türe für unbegrenztes Wachstum, da andere ihrem Beispiel leicht folgen können.

10. Multiplikation

Vervielfältigung ist von Anfang an ein Teil der DNA. Jede Person, die eine Gruppe besucht, wird gebeten, das Gelernte einer anderen Person mitzuteilen, bis zu dem Zeitpunkt, wenn die Gruppe sich wieder trifft.

11. Gegenseitige Rechenschaft

Rechenschaft wird innerhalb der Gemeinschaft abgelegt. Gläubige fordern voneinander Rechenschaft darüber, dass sie dem, was sie beim letzten Gruppentreffen gelernt haben, gehorchen und es mindestens einem Ungläubigen weitersagen.

12. Geplante Beziehungen zu Mentoren von außen

Beratung wichtiger Leiter wird von erfahrenen Gemeindegründern durchgeführt, die nicht zu der Volksgruppe gehören, die für Christus erreicht wird. Die Mentoren zeigen Visionen auf und helfen den wichtigen Leitern die Vision umzusetzen, damit ihre Volksgruppe mit dem Evangelium erreicht wird.

13. Vision für Wachstum

Es muss eine klare Vision darüber vorhanden sein, wie die Bewegung sich ausbreiten und den Rest ihrer Volksgruppe erreichen kann. Mit der Zeit werfen die Leiter eine ausgeweitete Vision auf, auch die benachbarten unerreichten Stämme zu erreichen und die Gläubigen übernehmen diese Vision für sich.

14. Ausbildung im Dienst   Aufstrebende Leiter werden während des Dienstes ausgebildet. Sie werden nicht aus ihren Gemeinschaften heraus genommen, um eine Langzeit-Bibelschulausbildung zu machen.

15. Verfolgung und Leid   Harte Verfolgung und schweres Leid gehören zu den meisten Jüngerschaftsbewegungen (DMMs). Die Jünger betrachten diese Leiden jedoch nicht als das Ende, sondern vielmehr als ein göttliches Sprungbrett zu mehr Freimütigkeit und Wachstum. Statt sie zu meiden, ergreifen sie diese.

Muslimen in der Liebe Jesu dienen

Frontiers ist eine internationale Bewegung, die 1982 gegründet wurde. Ihr gehören inzwischen mehr als 1100 Mitarbeiterinnen und Mitarbeiter aus 52 Nationen an, die in 57 Ländern tätig sind.

Unsere Vision

Gott hat versprochen, dass Er Menschen aus allen Stämmen, Sprachen, Völkern und Nationen in Seine Nachfolge beruft. Seine Vision aus Offenbarung 7, 9 ist auch die unsere.

Unsere Mission

Wir respektieren und lieben Muslime und dienen ihnen. Als Nachbarn, Kollegen und Freunde versuchen wir, ihnen die Liebe Jesu durch Leben, Tat und Wort näher zu bringen. Bis heute sind auf diese praktische Weise bereits über 310 Gemeinden und Gemeinschaften von Jesusnachfolgern aus islamischem Hintergrund entstanden. Viele sind zu eingenständigen Bewegungen geworden.

Unser Ziel

Bis zum Jahr 2025 soll unter jeder islamischen Volksgruppe mindestens ein Gemeindegründungs-Team arbeiten.

Grundsätze

Frontiers arbeitet ausschliesslich unter Muslimen und konzentriert sich dabei auf ganzheitliche Gemeindegründung. Die Mitarbeiter sind in Teams unterwegs und berücksichtigen eine Vielfalt von Arbeitsweisen, Lebensstilen und theologischen Standpunkten. Jedes Team wird beratend begleitet und angemessen betreut.

Weiteres Infomaterial, wie z.B. das Buch „Und Ihr sollt ein Segen sein" oder Infopaket bei:

f r o n t i e r s
ü b e r w i n d e t
g r e n z e n

frontiers deutschland
postfach 13
38536 meinersen
fon +49 5372 97 89 71
fax +49 5372 97 89 72
info@frontiers.de
www.frontiers.de

frontiers schweiz
postfach 263
9404 rorschacherberg
fon +41 71 858 57 57
fax +41 71 858 57 58
info@frontiers.ch
www.frontiers.ch

www.ingramcontent.com/pod-product-compliance
Lightning Source LLC
LaVergne TN
LVHW051047080426
835508LV00019B/1749